MUNDO PARALELO

A TRAJETÓRIA DE UMA MÃE

MUNDO PARALELO

A TRAJETÓRIA DE UMA MÃE

Mundo Maior
Editora e
Distribuidora
FUNDAÇÃO ESPÍRITA ANDRÉ LUIZ
DESPERTANDO CONHECIMENTO

Diretoria Editorial: Onofre Astinfero Baptista
Editor: Jorge Alexandre Lima
Assistente Editorial: Marta Moro
Revisão: Equipe Mundo Maior
Capa: Mario Roberto da Silva / Leonardo Lopes

Mundo Maior Editora
Fundação Espírita André Luiz

Rua São Gabriel, 114
Guarulhos/SP - CEP 07056-000
Tel. (11) 4964-4700

www.mundomaior.com.br
e-mail: editorial@mundomaior.com.br

1ª edição - 2013

Dados Internacionais de Catalogação na Publicação (CIP)
(Câmara Brasileira do Livro, SP, Brasil)

Silva, Vera Lúcia Gonzales Meireles da
Mundo paralelo : a trajetória de uma mãe / Vera Lúcia Gonzales Meireles da Silva. -- 1. ed. -- São Paulo : Mundo Maior Editora, 2013.

1. Autismo - Obras de divulgação 2. Crianças autistas 3. Pais de crianças autistas 4. Relatos I. Título.

13-02761 CDD-154.3

Índices para catálogo sistemático:

1. Autismo : Psicologia : Obras de divulgação 154.3

Sumário

Agradecimentos

Em primeiro lugar agradeço a Deus, que sempre esteve presente em todos os momentos bons e difíceis de minha trajetória de vida.

Com amor ao meu marido, que compreendeu e cedeu tanto para conseguirmos realizar este trabalho.

Aos meus amigos de uma forma geral, que constribuíram muito em minha luta.

Especialmente a cada pai, a cada mãe que, vindo me procurar, deu-me a oportunidade de servi-los e de aprender com eles.

A Mércia Costa pela sua amizade e por estar sempre disponível para me ajudar.

A Roseli Guirao, professora do Bruno, que se tornou uma grande amiga.

A Fernanda Volpi, pela primeira tentativa de organização do livro.

A Fabiano Ormaneze, pela sua sensibilidade ao escrever o prefácio.

E a Jorge Américo Silva Machado e Terezinha do Menino Jesus Amaro Machado por transformarem um sonho em realidade, permitindo que minha história estivesse mais uma vez nas mãos dos leitores e profissionais da area.

E principalmente às *Casas André Luiz,* à qual, eu doo todo e qualquer direito sobre este livro para que eu possa retribuir um pouco do muito que estão fazendo a todas as crianças da Casa e também aos meus filhos Bruno e Lucas Gonzales da Silva.

Muito obrigada

Vera Lúcia Gonzales Meireles da Silva

Apresentação

Penso na pasta que recebi. Nela estão momentos de uma vida: fotos, recortes de jornal, pesquisas diversas, diagnósticos, e até a cópia de uma dissertação de mestrado pela Unicamp, que foi iniciada com trecho de um relato de Vera Lucia Gonzalez, autora deste livro. Já revirei este material várias vezes, "namorei" as belas fotos que registram o desenvolvimento de duas crianças, os irmãos Bruno e Lucas. O primeiro com 28 anos de idade e o Lucas, desencarnado em 21 de novembro de 2012, aos 25 anos de idade.

A Mundo Maior Editora se propõe editar este trabalho que não foi escrito por um profissional, portanto, não se pode considerá-lo de cunho científico, mas a experiência da mãe que quer compartilhar sua história na busca de um diagnóstico[1] e acolhimento para seus filhos, tanto do ponto de vista material quanto do espiritual.

[1] Todos os documentos, diagnósticos citados têm seus comprovantes em poder da autora.

A autora reside atualmente em Caraguatatuba, cidade do litoral norte paulista e ficou conhecida como "a mãe dos meninos" nas cidades onde morou.

"Escrever foi, antes de tudo, uma necessidade de passar o que vivi para outras pessoas, para que percebam que é preciso lutar sempre por tudo que ansiamos e que não existem obstáculos grandes o suficiente para abater alguém que possua, antes de tudo, amor e determinação", relata a autora.

"É importante a inclusão das pessoas especiais, pois não são elas que precisam ser incluídas na sociedade; é a sociedade que tem de incluir-se a elas." Com esse ideal, temos a história desta cidadã participativa na sociedade, ativa na defesa dos direitos das crianças especiais, que está registrada em muitos documentos, recortes de jornal, fotos, etc., que a Vera guarda com muito carinho, pois atestam uma tarefa que ela levou a sério e realizou da melhor forma que pôde, até que, após um novo diagnóstico, consegue a internação de seus filhos na ULP, Unidade de Longa Permanência das Casas André Luiz, em Guarulhos, São Paulo.

Esta apresentação não quer tirar o sabor de leitura tão significativa . Temos a certeza de que, da mesma forma que aconteceu conosco, o exemplo da Vera iluminará o coração do leitor.

Wanderly Albieri Baptista
Pedagoga e orientadora educacional

Da esquerda para a direita:
Lucas, Vera e Bruno

Prefácio

Vivemos pouco.
Sonhamos com muito.
Realizamos menos...

Assim é a dinâmica da vida que convencionamos classificar como normal... Por falar em convencionar, o que mais fazemos no dia a dia é criar valores e manipular nossas atitudes para se chegar até eles ou passá-los aos outros. Esse é o mundo do normal e do anormal, do certo e do errado, do feio e do bonito, enfim, do sim e do não. Esquecemo-nos, no entanto, de que todos esses valores são relativos e dependem muito mais da forma como o destino traça nossos caminhos do que algo que já está fechado numa redoma, como nos parece ao usarmos tais juízos.

Quando comecei a ler este livro, já sabia que essa seria uma obra para abrir horizontes, porque mostra para este mundo tão taxativo e hermético que é possível conviver e amar aqueles que não são como a maioria, mas que não vamos chamar de diferentes, para excetuar qualquer julgamento que caia no lugar-comum do certo/errado ou normal/anormal.

Conviver com aqueles que, em uma visão egocêntrica, nos são diferentes, além de aprendizado é uma lição de valorização de tudo o que temos, conseguimos, ansiamos e podemos conquistar... Mais do que isso, é valorizar também as minúcias da vida, que nos aparecem diariamente, mas passam despercebidas pelo desejo de conquista e ambição. É aprender a valorizar cada passo que damos, cada sorriso que nos é atribuído, cada palavra que sabemos pronunciar, cada sonho em que acreditamos.

Já dizia Sócrates que só quando conhecemos nossa ignorância é que conseguimos atingir a sabedoria... E o caminho é esse: somente quando reconhecermos o quanto a vida é perfeita, o quanto a esperança é imprescindível e o quanto somos mesquinhos numa relação de altruísmo é que conseguiremos rumar para uma vida consciente e feliz.

Vera, nesse fabuloso relato de sua experiência, nos dá algumas dicas de luta e de enfrentamento dos... — pensei em dizer empecilhos —, mas prefiro dizer, momentos de aprendizagem que a vida nos propõe, pois nada acontece pela simples existência, mas para uma conquista cada vez maior das potencialidades humanas que, por ora, esquecemos existir... Só quando a dor e a lágrima nos atingem é que sabemos o quão somos fortes e potentes...

Fabiano Ormaneze
Jornalista

Da esquerda para a direita:
Wagner, Bruno, Vera e Lucas

Poesias

Bruno

Gostaria que meus ouvidos pudessem
Ouvir o que teus olhos me dizem.
Tê-lo com filho foi o meu maior desafio.
Aprender a te amar era meu objetivo maior.
Aceitá-lo foi meu primeiro passo.

Sua Mãe

Bruno Gonzales da Silva

Bruno

Brilhaste qual estrela cadente...
Resplandecido, qual raio de luz...
Unindo vidas... Para quê? E por quê?
Nada sabemos, por enquanto, apenas...
O mundo... A vida... Vamos vivê-la!
Vamos... Resgatar!
Com Amor

Sua Mãe

Bruno

Mundo paralelo
Mundo autista
Com medo em meu mundo
Às vezes um sorriso, um olhar
Mas na maioria das vezes nervoso, agitado,
imprevisível e assustado.
Um mundo por telepatia
Um mundo no qual eu aprendi a amar
Aprendi a sorrir
Aprendi a ser paciente
Aprendi a ter esperança
Aprendi a ser humilde
Aprendi a querer um sorriso
Aprendi a dar um sorriso
Obrigada, filho, por ter me ensinado tantas coisas.

Vera Lucia

Lucas

Meu raio de luz!
Sua luz iluminou cada sombra
que teve que enfrentar, tua força me fez
mais forte ainda brilhar.
Filho, um beijo no seu coração

Te amo muito
Vera Lúcia

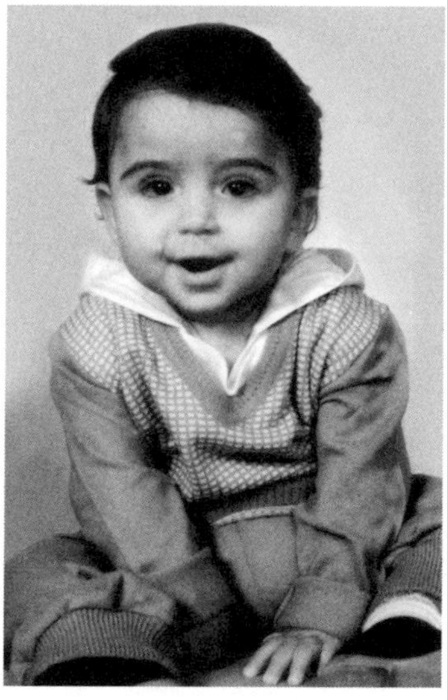

*Lucas Gabriel**

Anjo de Luz
Anjo iluminado!!
Anjo que iluminara sempre
A minha, a sua e a vida de todas as pessoas com
quem você convive.

Te amo muito
Sua Mãe

Nota da Editora: Os poemas dedicados ao Lucas Gabriel Gonzales Silva foram escritos após seu desencarne em 21 de novembro de 2012.

Lucas

Sua mão me segurou sempre;
sua força me fez forte.
A natureza de seu sorriso me fez alegre,
sua paz conseguia me adormecer;
sua amizade me confortou;
seu amor me fez grande,
seja feliz sempre

Amo você
Sua Mãe

Da esquerda para a direita:
Lucas, Cleuza e Bruno

Anjo

Luz do Sol, brilho único
Unico e meigo sorriso
Criança sempre puro
Alegre ou triste muito amado
Sublime presença, que nos traz paz.

Gabriel nome de anjo
A tranquilidade de viver em paz
Buscando harmonia que o silêncio traz.
Repouso que se busca
Inda que nos silenciou
Em que vives, anjo
Lindo anjo, sempre vamos te amar.

Cleuza
sua amiga

REFLEXÕES

Olho para a data de hoje, mas só o que ficou me chama a atenção: estar sentada em um quarto de hospital, no setor de psiquiatria, ao lado da cama de meu filho Bruno.

Foi considerado autista, com diagnóstico fechado, com quase três anos de idade.

Hoje, após dezesseis anos*, contido pelas mãos e pés, ainda sob efeito de um grande choque ou de uma grande peça que a vida estaria me pregando, tento lembrar e escrever a respeito das pessoas que amo.

Preciso coordenar minhas ideias, pensamentos e fatos. Devo isso aos meus filhos, a mim e a outras pessoas que, certamente, poderei ajudar com minha experiência de vida.

Minha vida e a de meus filhos foram movidas pelo amor e dedicação e por uma grande alegria de viver que sempre me acompanhou, pois sempre vi o lado positivo de qualquer tristeza. Mas vamos começar pela minha infância para depois chegarmos até aqui.

Pelo Bruno, juntei uma montanha de informações sobre a Síndrome do Transtorno Autista, firmada no diagnóstico que tive na época, e quero mostrar isso a todos que dele precisam.

Quero deixar minha experiência para que possa ser aproveitada, pois levá-la comigo de nada vai me servir.

---

*__Nota:__ A autora refere-se ao ano de 2.000

CAPÍTULO I

Por que escrevi este livro?

Dedico este livro a todos os pais e profissionais da saúde que convivem com algum tipo de deficiência. Espero influenciar as mães de crianças portadoras de quaisquer síndromes a lutarem e a amarem muito seus filhos.

Gostaria que mães e filhos não passassem pelas mesmas dificuldades que nós passamos. Espero incentivar a todos com muito amor e muita luta.

Vitória, muitas vezes, não é atingir o objetivo maior e sim lutar até o fim e ver a montanha de conhecimentos e amor que você juntou ao longo dos anos.

Compreendi que o amor é a maior força de que disponho e é a mais importante de todas as qualidades. Com meu filho obtive inúmeros exemplos de atos de amor.

A beleza e o prazer de realizar um trabalho estão contidos no desafio de superar várias dificuldades. Nessa convivência pude exercitar a paciência do amor na dedicação a um ser humano e, como Jesus nos ensinou, "amar ao próximo como a si mesmo".

Após anos de trabalho e convivência mútua, já não éramos quatro, mas um só, pois para o dia a dia ser tranquilo era necessário que eu e todos ao redor deles os compreendêssemos melhor como seres humanos. Era preciso sentir as mesmas emoções, viver suas dores, alegrias, esperanças e frustrações.

Um belo dia eu entendi que já não os ajudava para conseguir algo, mas por amor aos meus filhos que são a razão da minha vida. Todos fizeram parte de um único objetivo: ajudá-los.

Agradeço mais uma vez a todos que, de uma forma ou de outra, conviveram conosco e tiveram a oportunidade de aprender e ao mesmo tempo de nos ajudar.

CAPÍTULO II

Minha infância

Irmãos e irmãs. É isso o que me vem à mente. Perdi minha mãe com dois anos de idade e, com minhas irmãs, fui para um colégio de freiras, em regime de internato.

Ali havia mais de cinquenta internas, entre maiores e menores de idade. Eu era a terceira mais nova.

Na medida do possível, todas usavam roupas iguais, assistíamos a várias missas por dia. Todas tinham suas obrigações diárias. Eu sentia um pouco de medo daquele casarão.

Papai ficou com meus dois irmãos. Eu e minhas irmãs não gostávamos do colégio, não nos sentíamos bem. Eu chorava muito, sentia falta de minha mãe e dos meus irmãos; não éramos felizes lá.

O mundo no colégio era muito diferente daquele que existia além dos seus muros.

Toda vez que papai nos visitava, percebia uma tristeza muito grande em nosso olhar, mas como na sala de visita ficávamos acompanhados o tempo todo, não tínhamos oportunidade de reclamar a ele.

Após cinco longos anos, por não suportar mais nossa tristeza, papai nos retirou de lá.

Ele acabou se casando novamente, então, passamos a ser cinco irmãos do primeiro casamento e mais dois casais, dois meninos e duas meninas, que nasceram depois.

Minha madrasta, dona Maria, como sempre a chamávamos, era uma pessoa muito especial para nós e foi muito importante em minha vida. Éramos unidos e felizes.

Papai era formado em contabilidade, mas sua paixão era a marcenaria, profissão que acabou exercendo por muitos anos de vida. Ele era filho de espanhol, de família muito rica, era amante da liberdade e possuía apenas um vício, "as lindas moças", como ele dizia.

Enérgico, vivia dizendo que fizéssemos tudo bem feito para que não precisássemos repetir a tarefa.

Despejava responsabilidade em cima dos filhos e não esperava menos do que a perfeição na execução das tarefas previamente estabelecidas.

Procurava dar atenção, igualmente, aos filhos, embora fosse impossível, pois éramos muitos.

Minha infância foi passando, mas dessas lembranças não vou me esquecer nunca. São lembranças de que gosto. Sinto saudades de um tempo que é impossível ter de volta.

Devo admitir que causei muita preocupação a papai e a dona Maria.

Eu era frágil, a saúde era delicada, vivia doente, sempre tinha uma coisa ou outra, como por exemplo, as consequências de um episódio no parque, que marcou muito a minha infância e parte de minha adolescência:

Havia um parque em que estávamos proibidas de ir, mas fomos escondidas no gira-gira, acabei caindo e batendo o braço na sarjeta. Fui com muita dor para casa, mas sem dizer nada.

Não podia reclamar e nem chorar, pois havia desobedecido meu pai e temia que ficasse bravo comigo se eu contasse o que tinha acontecido.

No dia seguinte, acordei com febre muito alta e lembro-me de ter ido ao quintal e ficar sentada ao sol, esperando a dor passar. Criança que não está brincando tem alguma coisa errada. Dona Maria, percebendo meu estado, chamou meu pai e disse-lhe que eu estava quieta desde cedo e não sabia o que estava acontecendo.

Papai levou-me de bicicleta até um médico conhecido nosso. Ele deu um possível diagnóstico, osseomielite, que é uma inflamação óssea devido a pancadas.

Durante muitos anos tomei antibióticos, mas tudo foi em vão, meu braço vivia inchado, com pus, e eu sentia muita dor.

Foram muitos anos tomando injeções até encontrar um médico que optou por uma cirurgia. Foi um sucesso.

Eu já havia aprendido a escrever e a fazer quase tudo com a mão esquerda. Essa doença me atormentou dos oito aos dezessete anos de idade. Na época, por falta de conhecimento médico, chegaram até a sugerir ao meu pai que autorizasse a amputar meu braço, coisa que ele nunca aceitou.

Lembro-me das muitas noites em que acordava, delirando em febre e gemendo de dor e meu pai estava lá, do meu lado, segurando minha mão, fazendo com que me sentisse um pouco melhor e confortando meu pesar. Mas depois da cirurgia tudo começou a melhorar. Hoje, me sinto vitoriosa.

Gosto de recordar também a algazarra que só quando se é criança e se tem toda a vida pela frente é possível fazer.

Eu e meus irmãos brincávamos muito de pular corda, comprar fita, pular amarelinha, jogar bolinha de gude, pega-pega, enfim, muitas brincadeiras que hoje quase não se veem.

Brinquedos quase não os tínhamos, mas sim alguns móveis de madeira em miniatura que papai fazia para nós. Também fazíamos bichos de barro e os colocávamos para secar. Era o máximo.

Sonhava com meu príncipe encantado, com a casa dos meus sonhos, com meus filhos e como eles seriam e com quem se pareceriam. Nada diferente de qualquer garota que viveu na mesma época.

CAPÍTULO III

Minha adolecência

O tempo passou, estávamos crescendo, fazendo coisas diferentes e pensando de forma diferente. Aos dezoito anos consegui meu primeiro emprego, numa distribuidora de jornais e revistas. Recebíamos direto das editoras e distribuíamos para todas as bancas da cidade.

Fiquei neste serviço por cinco anos, minhas responsabilidades foram crescendo ao longo do tempo. Essa experiência foi muito proveitosa para mim.

Dona Maria Luiza, a proprietária da distribuidora, sempre foi uma pessoa maravilhosa comigo. Eu almoçava em sua casa e no final da tarde ela me pagava um belo lanche, todos os dias. Este lanche era o meu jantar. Eu trabalhava até as dezessete horas e cursava o supletivo à noite.

Esta época foi legal. Eu tinha muitos amigos entre quinze e vinte anos e tenho ótimas recordações. Foi um período de muito crescimento, de uma forma geral.

Eu e minhas irmãs não morávamos mais com meu pai, mas sempre que podíamos íamos a Porto Feliz, onde papai morava com Dona Maria e meus outros irmãos, para um almoço em família, ou melhor, a macarronada de domingo.

Após cinco anos arrumei um novo emprego como secretária, minhas responsabilidades tornaram-se maiores. Permaneci neste emprego por três anos.

Na época eu fazia o segundo ano de contabilidade técnica. Como a cidade era pequena, as nossas diversões principais eram o cinema, o clube à noite (sempre com muitos bailes) e eventos gostosos de participar.

Tive alguns namorados, mas não gostava de me envolver, muitas vezes eles nos "podavam" e eu gostava de acampar nos finais de semana, ficava lá o dia inteiro, ia para a cidade e voltava de manhã bem cedo para acordar a turma que estava dormindo em barracas.

Adorava nadar, dançar, tinha muita sede de vida, apesar das dificuldades de uma realidade simples. Eu tinha alegria dentro de mim e conseguia passar tudo isso para a maioria dos meus amigos.

Às vezes eu tinha medo de perder a liberdade, não sabia explicar direito o motivo, algumas vezes sonhava que vivia presa em algum lugar, era uma coisa boba.

Hoje compreendo melhor meu medo e tudo o que estou passando. Um dia senti uma necessidade grande de ir embora, mudar tudo, ir para outra cidade e começar de novo, buscar alguma coisa nova.

Numa noite, falando de minhas intenções com amigas, uma delas respondeu que sabia de duas estudantes, em Campinas, que procuravam uma pessoa para ajudá-las com as despesas.

Fiquei superfeliz, ela entrou em contato com essa amiga e acabei acertando por telefone mesmo.

Quando dei por mim, estava trancando minha matrícula na escola, pedindo demissão do emprego, arrumando as malas.

CAPÍTULO IV

Campinas

Lá estava eu na rodoviária em Campinas, interior de São Paulo. Nunca tinha ido para lá e não conhecia absolutamente ninguém.

Só mesmo um pedaço de papel com um endereço e o nome de uma das moças com as quais eu iria morar. Ela também se chamava Vera.

Eu saí da rodoviária andando devagarzinho, meio assustada. O prédio não era longe, a ansiedade é que estava atrapalhando um pouco.

Quando avistei o edifício, senti um grande alívio, mais alguns passos e eu estaria lá finalmente. O prédio era uma verdadeira república de estudantes.

Apresentei-me ao porteiro e subi com as malas. Na chegada percebi certa surpresa no olhar das moças, mas não dei importância ao fato.

Após as apresentações, lá estava eu, fazendo planos para enfrentar aquela cidade que, para mim, era muito grande.

Passados alguns dias, Vera me confessou que esperava outro tipo de pessoa, uma moça caipira, ingênua, até bonita, mas boba.

Para mim, o maior choque foi a liberdade das moças, a naturalidade com que elas viviam, era impressionante.

O tempo é o melhor remédio para tudo. Eu acostumei e passei a respeitar o modo com o qual elas estavam habituadas. Aprendi que para uma boa convivência devemos estar sempre atentos para não magoar as pessoas, medir as palavras, respeitar o espaço, a personalidade de cada uma, e não deixar uma coisa boba se transformar em discussão.

Em nosso apartamento não havia fogão, e sim aquele botijão de acampamento para quebrar galhos. Sueli, Vera e eu almoçávamos na firma em que trabalhávamos.

Aquilo era o oposto de minha vida em Itu, mas com o tempo fui aprendendo a lidar com tudo aquilo.

O primeiro emprego em minha nova vida foi de vendedora em uma loja de roupas femininas num shopping center da cidade. Depois trabalhei em uma loja de perfumes no mesmo local. Tudo isso valeu como experiência. Não demorou muito e consegui um bom emprego em uma empresa de antenas. A minha vida começou a mudar.

Aos vinte e seis anos estava mais amadurecida e me sentia mais bem preparada.

CAPÍTULO V

Descobrindo alguém

Foi na ausência da telefonista que tive oportunidade de conhecer melhor o pessoal da empresa. Entre tantos funcionários havia um representante de vendas, um rapaz moreno, alto, bonito e alegre, que gostava de me chamar a atenção quando chegava. Chamava-se Wagner. Ele subia as escadas cantando e assobiando, às vezes isso me irritava um pouco.

Mas foi um contratempo que nos aproximou e, daquele momento em diante, não nos separamos mais.

Aos poucos, me distanciei da turma, as noitadas diminuíram e, pela primeira vez, estava realmente namorando.

A empresa em que trabalhávamos não admitia o namoro entre funcionários e assim que descobriram meu envolvimento com Wagner, fui demitida.

Fiquei chateada, mas acabei aceitando. Meu namorado ficou pior, pois ele era um representante muito bom e era bem mais velho de casa que eu.

Logo fui contratada por uma concessionária de veículos. Quando completamos um ano de namoro, Wagner sugeriu que morássemos juntos.

Fiquei insegura, mas, aceitei com a condição de que falássemos com meu pai.

Vera Lucia G. M. Silva e
Wagner Aparecido da Silva

CAPÍTULO VI

Unindo-me a este alguém

Depois de abençoada a nossa união, não hesitei em morar com ele, mesmo tendo dinheiro só para o básico.

Os móveis, ganhamos de minha sogra, Dona Maria José. Alugamos uma casa em um bairro de classe média alta. Era um lugar tranquilo, o quintal, espaçoso e havia um pomar. Como era magnífica a jabuticabeira daquele lugar! No início tudo foi lindo. Em frente à minha casa havia uma bela praça cheia de árvores e bancos.

Em pouco tempo de união comecei a passar mal, suspendi o anticoncepcional e fui surpreendida com uma gravidez. Comecei a desconfiar quando, de manhã, o cheiro do creme dental me causava ânsia e tonturas. Quando fiz o exame já estava com um mês e meio de gravidez.

Eu me senti insegura por estarmos no começo de uma relação, mas ele ficou superfeliz e fez questão de contar a todos. Disse que nós três seriamos muito felizes, pois ele gostava de criança. O Wagner até sugeriu que nos casássemos, mas fui contra.

Os meses foram passando e a minha barriga aumentando. Eu ficava horas no quintal, olhando a jabuticabeira. Admirava as crianças brincando o tempo todo naquela praça tão gostosa, em frente à minha casa.

Fiz o pré-natal, algumas ultrassonografias e o meu filho, sim, um menino como sempre quis, estava bem. E por não ter abertura pélvica, os médicos decidiram por uma cesariana.

CAPÍTULO VII

A chegada de Bruno

No dia 29 de agosto de 1984, numa bela tarde ensolarada, às 15h25, ele nasceu, lindo. O primeiro toque, o primeiro olhar, a primeira mamada.

Apenas quando se tem a oportunidade de ver o nascimento de um filho é que se pode descrever a emoção do momento. Eu sempre tentei desvendar o olhar de uma mãe para um filho.

Eu traduziria como:

Uma flor...
Uma prece...
Um olhar...
Um carinho...
Um abraço...

Uma festa de amor em todos os lares, celebrando a bênção da maternidade.

Nem a criatura humana pode traduzir e desvendar todos os mistérios de dor e de amor que enriquecem o coração materno.

Eu diria que é um pouco de:

Ternura e carinho...
Dedicação e paciência...
Devotamento e zelo...
Atenção e segurança...
Acolhimento e doação...
É amor!

O bebê já não era mais meu, ele pertencia ao mundo, ao nosso mundo, e iria ocupar um espaço em nossas vidas, em nossa casa. Nossa responsabilidade era bem maior.

O Bruno era bem moreno, como o Wagner, e tinha os olhos negros. Recebi, nesse dia, muitas flores do Wagner e de minhas amigas. Visitas, telefonemas e telegramas. Esses momentos felizes vão ficar sempre em minha memória.

Um mês antes do nascimento do Bruno, nos mudamos para um apartamento melhor, mais confortável e num bairro de ótima localização.

O quarto do Bruno e parte do enxoval quem deu foi minha sogra.

Na época, o Wagner estava iniciando um novo emprego numa empresa de calçados. Então, as expectativas eram duplas.

Nossas vidas tinham um novo sentido. Mudou tudo a minha volta: eram fraldas, brinquedos, banhos, roupinhas, enfim, tudo o que a maioria dos pais passam no início.

O Wagner nos enchia de cuidados e carinho, sempre que estava em casa, e me ajudava bastante.

CAPÍTULO VIII

Os primeiros meses

O desenvolvimento de Bruno passou a me chamar a atenção, eu comecei a observá-lo de outra forma.

Notava que ele não me olhava nos olhos, não sorria; mamava, mas havia alguma coisa errada ali, não sabia dizer o que era. No começo tive a nítida impressão de que ele era surdo.

Quando o Bruno completou quatro meses de vida, eu estava me preparando para retornar ao trabalho, mas resolvemos que eu ficaria mais um pouco com ele. Diante disso, entrei em acordo com meus patrões e saí do emprego.

Lendo a respeito do desenvolvimento de bebês, percebi que o desenvolvimento do meu filho não condizia com o descrito nas obras.

Como não tinha experiência fiquei perdida, só conhecia o que via e não era bom.

Sabia que com quatro meses uma criança começa a se sentar, ficar firme e, há muito tempo ri, mas o Bruno era mole e ficava do jeito que você o colocasse na cama.

Eu o colocava muito no carrinho ou no chão da sala, apoiado em almofadas.

Imaginando que ele fosse surdo, fazia barulho no quarto dele, comprava brinquedos sonoros, tentava de alguma maneira ganhar sua atenção, mas ele não percebia. Às vezes me olhava e não me enxergava, ele não respondia aos estímulos de mão, então percebi que era ausente.

Aos nove meses ele continuava bonzinho, mas não sorria, olhava e parecia que não me via, não se assustava com barulhos e ainda dormia bastante.

O pediatra que o acompanhava naquela época dizia que alguns bebês são mais atrasados que outros em seu desenvolvimento, portanto eu não precisava me preocupar. Todavia, aquele argumento não me convencia.

Continuei, na medida do possível, tentando levar minha vida adiante, cuidando do Bruno com uma boa alimentação. Eu o levava a tomar sol todos os dias pela manhã, mas mesmo assim não conseguia me sentir bem. Meu coração me dizia que algo estava errado, porém, eu não sabia o que era porque, aparentemente, ele parecia uma criança saudável.

Fomos comemorar o ano-novo em uma chácara de amigos. Todos os bebês estavam dormindo em um quarto, nos fundos da casa. À meia-noite houve uma queima de fogos e como o barulho era grande, eu e dona Emília fomos ao quarto observar as crianças. Ao abrirmos a porta, notamos que todos os bebês estavam acordados; alguns choravam assustados, menos o Bruno que continuava dormindo tranquilamente.

Como era possível não acordar com todo aquele barulho? Olhamos uma para a outra sem compreender o que se passava com ele.

Durante muito tempo questionei o porquê do meu filho não ter acordado naquela festa.

Os meses se passaram e nada do Bruno melhorar. Entre uma visita e outra ao médico, foi constatado que ele era uma criança com hipotonia generalizada. Ele era flácido, não tinha firmeza no corpo, dava a impressão de que não tinha massa muscular, só osso e pele.

Comecei a olhar para aquele problema de outra forma, tinha certeza de que alguma coisa estava errada com o menino, pois isso explicava seu comportamento alheio e introspectivo, sem interagir com ninguém.

Comecei a procurar respostas para minhas perguntas. Até então eu achava que estava tudo certo, porque os médicos diziam que aquilo era normal e que ele ficaria bom, com o passar do tempo.

Mas o Bruno já estava com nove meses. Resolvi começar pela hipotonia. Segundo o dicionário Aurélio, hipotonia é "diminuição da tonicidade muscular". Para combater o problema foi recomendada fisioterapia.

Minha luta para ajudar meu filho havia iniciado naquele momento, pois eu iria fazer tudo o que estivesse ao meu alcance.

CAPÍTULO IX

Buscando um diagnóstico

Enquanto eu visitava médicos, várias pessoas, principalmente da família, falavam-me que eu estava ficando louca, que o Bruno não tinha nada. O próprio pediatra da época cansou de me dizer que ele era apenas uma criança com desenvolvimento atrasado. Pediam-me paciência porque ele ficaria bom.

Gostaria muito de poder acreditar no médico e nas pessoas, de crer que realmente não havia nada de errado com ele. Acho que no fundo eu também tinha esta esperança, nunca deixei de acreditar que a qualquer momento ele andaria, falaria e faria tudo o que ainda não tinha feito.

Visitei pediatras, otorrinolaringologistas, neurologistas, psiquiatras, psicólogos. Bastava alguém me indicar um bom médico que no dia seguinte eu estava lá.

Na época, lembro-me que foram feitos vários exames no Bruno: o teste do pezinho, toxoplasmose, tireoide, diversos exames de sangue, radiografias e tomografia computadorizada, este último era o mais moderno da época e todos, sem exceção, apresentavam resultados normais.

Olhava para aquele bebê tão perfeito, e ao mesmo tempo

notava que não se desenvolvia como deveria. Olhava novamente os exames e não acreditava que ali nada constava de anormal ou fora do padrão estabelecido. Tudo, aparentemente, estava perfeito.

Continuei a levar meu filho às sessões de fisioterapia para as pernas, na Casa da Criança Paralítica, duas vezes por semana.

Tudo era difícil, pois os profissionais viviam me perguntando qual era o diagnóstico do Bruno e eu dizia que não tinha sido possível chegar a uma conclusão ainda, pois todos os exames apontavam para resultados normais.

As fisioterapeutas também me ensinavam a fazer os exercícios com ele em casa. Aprendi muito com elas.

Na época eu ainda não dirigia e quem me levava para todos os lugares era dona Emília, amiga do Wagner, ou sua filha mais nova, Anita, que hoje é madrinha do meu segundo filho, o Lucas.

Elas tiveram uma grande participação em nossas vidas e eu sou muito agradecida.

Todavia, era só isso o que eu fazia por meu filho nessa fase de seu primeiro ano de vida. Para outras atividades, não havia vaga em nenhuma instituição e também começavam a diminuir as possibilidades de ajudá-lo.

Em casa eu me esforçava bastante. Inventava brincadeiras, usava bolinhas coloridas para estimulá-lo a segurá-las ou tentava ensiná-lo a jogá-las para a frente. Mesmo com várias tentativas, eu não tinha retorno.

O Bruno continuava quieto e onde estivesse havia um apoio ao seu redor. Ele se mostrava indiferente a todos os acontecimentos.

O Wagner foi transferido para a cidade de Araçatuba, interior de São Paulo. Resolvemos, então, oficializar a nossa união.

Meu marido foi antes para ver a casa e tratar dos detalhes burocráticos com a imobiliária.

Apesar da correria, tudo foi estimulante, pois era novidade. O Wagner descrevia a casa com tanta alegria, falava dos cômodos, do quintal, da jabuticabeira que também havia lá.

Finalmente, o dia da mudança. Eu me sentia muito feliz, achei a cidade razoavelmente grande. Adorei minha nova vizinha, dona Helena, que logo se apresentou e me ofereceu um café. Ela foi muito simpática comigo.

Após alguns meses, em longas conversas com dona Helena a respeito do Bruno, ela, insegura, sugeriu que eu procurasse a APAE, porque era uma instituição muito boa e havia todo tipo de atendimento para casos especiais.

Eu não acreditava no que estava acontecendo. Ela simplesmente não havia me falado antes porque pensou que fosse ofender.

Eu falei: "— Dona Helena, tudo o que procuro nestes quase dois anos de vida do Bruno é uma instituição que possa ajudá-lo a fechar um diagnóstico".

Foi uma alegria para mim e combinamos que iríamos na segunda-feira, bem cedo, conhecer a APAE – Associação de Pais e Amigos do Excepcional.

Em meio a tanta alegria, descobri que estava grávida de meu segundo filho. Realmente fui pega de surpresa. Claro que fiquei preocupada, principalmente porque não sabia o que o Bruno tinha. Passada a surpresa, continuei com a luta.

O Wagner também ficou muito feliz. Eu tinha parado com os anticoncepcionais para um tratamento, mas não pensei que fosse acontecer novamente.

CAPÍTULO X

Um caminho

Agora, com a expectativa de mais uma vida em nossas vidas, fomos à APAE. Quando lá chegamos, encontrei uma senhora que também estava entrando. Ela me parou, comentou a respeito da beleza do Bruno e perguntou qual era o problema dele. Respondi que não sabia ainda. Foi aí que ela me segurou pela mão e disse " – Seja qual for, crie seu filho para o mundo e não para você, ame-o de verdade", e foi embora com um sorriso.

Na época não entendi por que ela dissera aquilo. Hoje compreendo perfeitamente. Não era para sentir vergonha dele e sim orgulho por ter sido escolhida para tamanha responsabilidade, amá-lo com o mais puro amor e respeitá-lo com todos os seus limites.

Desde a entrada eu observava todos os detalhes em cada passo que dava. Havia uma frase que nunca vou esquecer, dizia assim:

"— Olhai as coisas com os olhos de Deus, eis o segredo da felicidade".

Na recepção, depois de abrir uma ficha para o Bruno, foi agendada uma consulta para avaliação com todos os profissionais da instituição.

O corpo médico era composto de: fisioterapeutas, psiquiatras, terapeutas ocupacionais, fonoaudiólogos, cardiologistas, odontologistas, pedagogos, em três turnos (manhã, tarde ou período integral, dependendo apenas da situação familiar da criança e suas necessidades).

Tudo aquilo era um sonho para mim. Com todos aqueles profissionais era praticamente impossível não conseguir chegar a um diagnóstico. Bruno finalmente teria o atendimento necessário e que eu tanto procurava.

Também havia ali muitos eventos como festa da pizza, churrasco, feijoada, festa junina, oficina para os adolescentes, natação, educação física. Tudo me deixava muito feliz.

Agradeço muito à dona Helena por me levar àquela instituição e ter me oferecido a oportunidade de conhecer a melhor e mais completa escola por onde passamos.

Meu filho se tornou o aluno nº 272. As crianças ficavam na escola, dependendo da necessidade de cada família. O Bruno acabou ficando por meio período. Para mim estava ótimo, pois sempre fui contra deixar uma criança nessas condições, e principalmente, nessa idade, numa escola em período integral.

Pela primeira vez tive a sensação de que havia encontrado pessoas que realmente pudessem me ajudar. Tudo ali me encantava, parecia que eu já estivera em um local assim, tudo me parecia familiar, uma sensação estranha, mas gostosa.

Era fantástico o tratamento dado, tanto à criança quanto à mãe; dizia-se que a saúde de ambos era fundamental, pois um dependia do outro para sobreviver.

Após dois meses, finalmente, fui chamada para uma reunião com todos os profissionais do corpo médico.

CAPÍTULO XI

O diagnóstico

Finalmente haveria um diagnóstico do que seria o problema do meu filho. Não era uma doença e sim uma Síndrome, a do Transtorno Autista.

Fiquei confusa. A primeira pergunta foi: Síndrome tem cura? Autismo. O que exatamente esta palavra quer dizer? Quais seriam suas possíveis curas ou quais as possibilidades de uma boa melhora? Tudo isso me passava pela mente naquele momento.

O grupo de profissionais que fechou o diagnóstico, naquele momento, me disse que os autistas viviam em um mundo próprio, não mantinham contato visual ou qualquer outro com as pessoas. Todavia, a intensidade do distanciamento dependia do grau de comprometimento de cada autista e do trabalho profissional efetuado com cada paciente.

Após horas de perguntas, sem muitas respostas, eu não conseguia chegar a uma conclusão concreta; apenas a teorias e opiniões diversas.

Saí de lá completamente atordoada, pronunciando aquele nome – Autismo – o tempo todo. Pensava que deveria existir literatura sobre o assunto.

Com todas aquelas perguntas em minha cabeça lembrei-me de um filme que havia assistido na minha adolescência. Seu nome era Meu Filho, Meu Mundo e havia chamado minha atenção, na época.

Assisti ao filme novamente e percebi que eram realidades diferentes.

Cheguei à conclusão de que seria um grande desafio e mais uma jornada que começava naquele momento. Iniciava-se ali um tratamento em cima desta Síndrome e também uma busca por mais informações.

Senti como se minha vida fosse feita de muralhas que iam sendo colocadas diante de mim, cada vez mais altas. Quando eu consegui ultrapassá-las, outras eram colocadas no lugar, só que bem mais altas.

Conheci na APAE outra criança autista, seu nome era Joyce e tinha doze anos. Embora Joyce fosse uma autista grave, escrevia e repetia algumas palavras. Eu ficava horas pensando nisso.

Ninguém fazia ideia da bênção que isso representava para mim. Tinha início a materialização do sonho de que meu filho, apesar de tudo, conseguiria ter um mínimo de desenvolvimento e relacionamento.

Mesmo percebendo que ela era um pouco agressiva e sofria constantes regressões em seu quadro de desenvolvimento, eu me apeguei a isso, pois se ela podia meu filho também conseguiria desenvolver pelo menos alguma aptidão para, quem sabe, se comunicar.

Desde que meu filho nasceu, minha vida se concentrou em sua figura, tudo girava ao seu redor. Mesmo passeando, eram seus limites que norteavam nosso modo de viver.

Faço questão de reproduzir os relatórios da triagem do meu filho, como um testemunho do estado em que ele se encontrava.

RELATÓRIO FONOAUDIOLÓGICO

Bruno Gonzáles da Silva

Data de nascimento – 29.08.84

Idade Atual – 2 anos e onze meses

"O mesmo foi submetido a uma avaliação fonoaudiológica em setembro de 1986, na qual foi possível observar os seguintes dados: reação ao seu nome, aos sons ambientais e instrumentais, apresentando-se irritado e até chorando para alguns estímulos e desligado para outros, como se não estivesse ouvindo.

Dificuldade de compreensão de ordens simples, com características isolacionais distantes, sem temor a reais perigos, resistência ao aprendizado, dificuldade em se misturar com outras crianças, sem contato visual direto.

Desligado do ambiente que o rodeia, alheio aos brinquedos, pegando e jogando-os; não se senta em cadeira, sem comunicação verbal e gestual, comunicando-se através de gritos e choros. Apresenta movimentos auto-estimulatórios de cabeça, tronco e mãos.

Com relação aos órgãos fonoarticulatórios, notamos dificuldade na mastigação e degustação de alimentos sólidos, alimentando-se com alimentos amassados e oferecendo resistência ao ser tocado na região intraoral.

Iniciou-se a terapia imediatamente, para trabalhar os aspectos falhos, levantados na avaliação. Após quase dois anos de atendimento apresentou progresso lento.

Houve uma relativa melhora em tais aspectos: está interagindo regularmente com seu meio ambiente, no qual mantém contato de olho; já permanece sentado por alguns minutos e apresenta alguma compreensão de ordens simples. Já mastiga e degusta alimentos sólidos.

Com esse relatório podemos observar a importância de um tratamento adequado e com muito amor, assim ele tem uma qualidade de vida maior. Podemos observar que só a medicação não ajuda.

RELATÓRIO DE FISIOTERAPIA

"O presente relatório foi elaborado com o objetivo de colocá-lo a par do aspecto motor do menor Bruno Gonzáles da Silva.

Frequenta este setor, às terças e quintas-feiras, com atendimento individual de 30 minutos; encaminhado por apresentar atraso no desenvolvimento neuropsicomotor.

Na avaliação inicial a criança apresentou bom controle cervical; permaneceu sentado com apoio, arrastava-se sentado, hipotonia generalizada; não tomava nenhuma mudança de decúbito, permanecendo na posição inicial sem reclamar; quando colocado em pé mostrou marcha independente com os membros inferiores abduzidos e rotados externamente; trocou passos com difícil equilíbrio e coordenação; membros superiores com movimento de pêndulo.

Foi realizado um trabalho de facilitação às mudanças de decúbito; estimulação às reações de retificação, equilíbrio e proteção; incentivo à movimentação voluntária; aumento do tônus base. O caso mostrou evolução e ainda apresenta potencial para um desenvolvimento maior."

RELATÓRIO DE TERAPIA OCUPACIONAL

"O menor Bruno Gonzáles da Silva vem sendo atendido neste setor em que foram trabalhadas as áreas: sensorial, cognitiva, motora, social e de comunicação, apresentando bom desenvolvimento na área motora e desenvolvimento lento nas demais.

Em dois anos de atendimento neste setor observamos as seguintes melhoras: o menor faz mudanças de decúbito: passa de deitado para sentado, de sentado para de pé e vice-versa.

Ainda sobe escada com apoio; faz preensão em pinça inferior.

Atende quando chamado pelo nome. Pega objeto, manipula por alguns segundos e depois os joga. Permanece sentado somente com supervisão.

Apresenta sinais estereotipados de mão e tronco.

Não tem controle de esfíncter, necessita de ajuda em todas as atividades de vida diária.

Mostra interesse por música e objetos que façam barulhos suaves, sorri sem motivo aparente. Fixa o olhar e segue objetos na horizontal e diagonal.

A criança necessita de continuidade no tratamento, a fim de estimular seu desenvolvimento e evitar regressão do quadro."

Após a avaliação, iniciei a rotina de levá-lo todos os dias à APAE. Como era uma mãe iniciante, tudo ali era novidade e eu sempre fui bastante participativa.

O Bruno era tudo para mim naquele momento. Eu queria aprender o máximo para ajudá-lo. Crescia em mim uma força muito grande e eu acredito que todos nós temos esta força. É só buscá-la.

E assim fui juntando tudo sobre o Autismo. Meus amigos distantes enviavam o que podiam sobre esta síndrome, palavra essa que descobri ser uma patologia sem causa definida ou que vem acompanhada de outras doenças.

Hoje, olhando todo esse material, não acredito que possa ter guardado tantos artigos. Como poderia imaginar que um dia eu pudesse servir para outras mães e profissionais que atuam nessa área? Ali mesmo, naquela APAE, eu comecei a buscar respostas para todas as minhas perguntas.

Chamava-me a atenção também a forma excepcional como uma senhora, que vai estar sempre em minhas lembranças, comandava a entidade. Hoje vejo que ela foi muito importante para mim. Ela foi o início de uma série de pessoas maravilhosas que cruzaram minha vida e tiveram suas participações em ajuda e compreensão. Houve, sem dúvida, um grande apoio.

Mas esse era só o início de uma grande batalha. Eu não poderia imaginar que estava só começando o meu estágio porque é assim que eu vejo tudo isso: um grande estágio.

A rotina continuava na APAE. Eu gostava muito dos eventos que eram promovidos, como festa junina, feijoada, chá beneficente, bazares, e não perdia uma festa.

Na época também aconteciam várias reuniões com os profissionais que cuidavam do Bruno, eu os enchia de perguntas e saía, muitas vezes, satisfeita com as respostas que eles me davam.

No grande baú de anotações, achei registros das fases pelas quais o Bruno passou:

De recém-nascido até sete meses:

Quando bebê, raramente chorava, não demonstrava gostar de companhia, não necessitava, aparentemente, de estimulação. Hoje sabemos que isto não é verdade.

Vi alguns bebês, quando pequenos, tornarem-se flácidos como o Bruno pela hipotonia generalizada, ou rígidos quando eram trocados ou levantados.

Eu, no começo, descrevia o Bruno como o melhor bebê do mundo em matéria de trabalho; dificilmente ele reclamava de alguma coisa ou quando chorava era para deixar bem claro que não queria que mexessem nele.

Não percebia quando eu entrava ou saía do quarto. Não sorria com nenhum tipo de brincadeira. Não levantava os braços quando eu tentava pegá-lo ao colo.

Mostrava falta de interesse pelos brinquedos que comprávamos para ele como chocalho, móbile, todos com muito barulho e cores.

Nessa fase eu esperava que ele balbuciasse algum som como gu - gu, ba – ba ou mã – mã, o que não acontecia.

De sete meses a um ano

Lembro-me que demonstrava uma reação pouco comum à introdução de alimentos sólidos. Havia uma certa recusa em retê-los ou mastigá-los e até em engoli-los, passando a se alimentar mais com comida amassada ou batida no liquidificador.

Jogava qualquer brinquedo que era colocado em sua mãozinha. Ele os jogava longe ou, simplesmente, deixava-os cair da mão. Parecia-me que sua sensação tátil era totalmente inexistente.

As fases de rolar na cama, virar de um lado para o outro, engatinhar, levantar, não aconteceram com o Bruno; em alguns bebês esta fase é acelerada.

O Bruno era um bebê afetuoso, mas quando levantado se mostrava indiferente, nos dava a impressão de que não se importava em ficar no berço.

Qualquer pessoa podia pegá-lo nesta fase e ele não estranhava, mostrava-se indiferente.

Não bateu palma entre dez e onze meses, nem acenou "tchau" com a mãozinha. Tinha dificuldade de transformar sons polissilábicos em palavras e, posteriormente, deixou de usá-las.

O Bruno não usou a comunicação gestual nem a verbal até essa idade, não identificava objetos e nem os apontava.

Do segundo ao terceiro ano de vida

Começou a se interessar por estímulos. Escutava o som que ele produzia ao arranhar uma superfície, ou ao ranger os dentes, coisa que ele fez até o início da pré-adolescência.

Fugia de barulhos como o produzido pelo rasgar de uma folha de papel, mas os sons desagradáveis a nós se tornaram agradáveis a ele como a exploração de texturas, por exemplo.

Os membros passaram a apresentar movimentos estereotipados, manifestando-se de maneira intermitente, pouco frequentes em algumas vezes. Em outra situação ele segurava sua mão em frente aos olhos e a torcia, remexia e a examinava, ao mesmo tempo que movimentava os dedos como se estivesse digitando algo, ou batia as mãos, um bater como se fossem as asas de um pássaro, tentando levantar voo (fenômeno de seu campo visual).

Caminhava na ponta dos pés, em fase de excitação, ou corria em círculos. Essa fase durou até os nove anos. Fazia movimentos de se ninar, bater com a cabeça ou balançar a cabeça de um lado para o outro.

Ele não ficava tonto quando girava ou era girado. Ao mesmo tempo, parava repentinamente, ou sorria ou chorava e, subitamente, balançava-se para frente e para trás, fazia movimentos bruscos e repetitivos, enquanto sacudia as mãos como se as quisesse enxugar sem toalha.

O contato conosco continuava totalmente indiferente a nossa rotina; eu o alimentava e mantinha o uso de fraldas, brincava com ele e o beijava.

Eu tinha planos de um dia voltar a trabalhar fora, sonhos e mais sonhos que iam ficando gentilmente para trás e, ao mesmo tempo, davam lugar a uma luta sem fim, com aquele ser humano que é meu filho.

Muitas vezes parava e chorava muito. Queria que tudo terminasse de uma vez. Olhava para meus sobrinhos, que são muitos, e fazia uma pergunta que todos os pais de crianças especiais fazem a Deus ou a si mesmos durante o tempo todo de uma vida: por que eu? Ou, por que o meu?

Foram muitos os amigos que tentaram nos consolar diante dessa realidade. Eu não conseguia tirá-los de minha mente, pedia a Deus que o Bruno ficasse bom, que começasse a falar.

Esses sentimentos passam, apesar de serem frequentes, porque aquele garoto ali é seu filho querido e você não pode desistir de ajudá-lo. Parece que, de tempo em tempo, somos abastecidos espiritualmente por uma força maior que recarrega nossas energias.

CAPÍTULO XII

Lucas um capítulo à parte

Com tudo isso, eu tocava adiante a gravidez do meu segundo filho – Lucas Gabriel –, esse seria meu raio de sol, minha estrela guia, meu ombro amigo, meu filho querido.

Já estava no sexto mês de gravidez, começava a ganhar peso. Meu marido e eu curtimos muito essa gravidez. Nós ainda não tínhamos a noção do que aconteceria no futuro.

Havia combinado com meu ginecologista que seria meu último filho. Nós, ou melhor, meu marido queria muito uma menina. Todavia, logo ficamos sabendo que seria outro menino.

Apresentamos para seis médicos a situação do Bruno. Eles tomaram algumas providências, solicitaram alguns exames a mais e combinamos que eu seria operada para não mais ter filhos.

O Lucas também nasceu de uma cesárea por eu não ter dilatação suficiente. Assim como o irmão, ele nasceu com 52 centímetros e 3 quilos e 700 gramas, mas com 40 centímetros de perímetro cefálico. Assim que pude, perguntei ao médico sobre a medida da cabeça do meu filho e ele falou que não me preocupasse, pois estava tudo bem com a criança; que seus próprios filhos também teriam nascido com a cabeça um pouco maior.

O pediatra que o havia examinado disse que eu estava impressionada com o problema do Bruno e por isso ficava tão preocupada.

Antes de sair do hospital falei com outro médico sobre a medida da cabeça do Lucas. Ele me explicou que a cabeça dele não poderia crescer mais nos próximos dois meses, pois já era uma medida suspeita. Explicou-me também como medir com a fita métrica para não errar a medida e, finalmente, fomos para casa.

Fiquei dois dias a mais no hospital porque o Lucas estava com icterícia, mas fomos para casa juntos. A pergunta de todos os amigos era sempre a mesma: está tudo bem com o Lucas? Dava a impressão de que eles sofreram mais do que eu com as preocupações da minha gravidez.

Em casa não houve comentário a respeito da cabeça do Lucas. Mas assim que tive um tempo corri para um livro sobre o desenvolvimento de crianças e entre uma página e outra encontrei a palavra hidrocefalia. Comecei então a ler sobre doenças neurológicas.

A correria era maior, pois eu tinha que levar o Bruno à APAE e retornar às terapias com ele. Na época o Bruno regrediu bastante, pois havia ficado extremamente agitado com o nascimento do irmão e sentia muito ciúmes dele em meu colo. Era a reação de uma criança normal e eu cheguei a pensar até que fosse uma atitude positiva do Bruno.

Os dias se passaram e eu comecei a medir a cabecinha do Lucas e qual não foi a minha surpresa quando percebi que tinha aumentado três centímetros em vinte dias.

Fiquei apavorada, coloquei a fita novamente para ter certeza de que tinha feito a coisa certa, mas infelizmente não havia erro, a medida estava certa. O desespero começou a tomar conta de mim e eu não sabia o que fazer, com quem falar sobre o que estava acontecendo.

Como dizer aos amigos que não estava tudo bem depois de ter dito que estava? Muitas perguntas passavam em minha mente.

A fisionomia do Lucas estava mudando, sua testa estava ficando abaulada e seus olhos estavam se tornando diferentes.

O desespero começou a tomar conta de mim. Eu chorava muito e me perguntava, mais uma vez: – o que está acontecendo aqui, por que tanto sofrimento, por que Deus me reservara novamente isso?

Quando o Lucas completou um mês eu medi novamente sua cabeça; em trinta dias ela tinha aumentado cinco centímetros. Eu fui orientada, então, a marcar consulta com um neurologista para ter certeza de tudo.

Lembro-me do rosto assustado de minha irmã quando olhou para o Lucas e viu o tamanho de sua cabecinha. Em trinta e cinco dias o perímetro cefálico havia crescido seis centímetros.

Quando ela chegou, perguntei-lhe sobre o que achava. Ela respondeu nervosa: – "Eu não acho nada. O médico é que tem que achar".

A Ana ficou com o Bruno enquanto fui ao médico com o Lucas. Fui para o consultório com a esperança de que o médico dissesse que eu estava errada.

Aguardei a minha vez numa ansiedade que quase não conseguia controlar. Levei o maior susto quando ouvi a moça falar o nome do meu filho. Entrei na sala e fui logo dizendo sobre minha aflição ao médico. Ele pediu para eu deitar o Lucas na maca e começou a examiná-lo. Mediu sua cabeça, seu tórax, olhou seus olhos. Finalmente, após examiná-lo, sentou-se em minha frente e disse: "– Olha, dona Vera, a senhora está certa, realmente. Seu filho é uma criança sem cérebro e também tem hidrocefalia".

Eu jamais vou esquecer o que senti naquele momento. Minhas pernas ficaram bambas. Lembro-me que pedi um copo d'água, minha garganta secou. Quando consegui falar, disse: "– Mas como o senhor pode efetuar um diagnóstico assim, sem um exame, uma tomografia? Isto não é possível". O médico comentou que, neste caso, o quadro estava muito evidente. Eu ainda tentei argumentar a possibilidade de estar enganado. Ele falou que, para ter certeza, iria pedir uma tomografia computadorizada do cérebro, mas apenas para confirmar seu diagnóstico.

Eu peguei o pedido de tomografia, ajeitei o Lucas no carro e tentei me acalmar. Não conseguia.

Com o pedido na mão, eu não queria acreditar no que estava acontecendo. O pedido era para fazer o exame em Ribeirão Preto, pois em Araçatuba ainda não se fazia. Saí de lá e não via a hora de chegar em casa.

Aquilo parecia um pesadelo. Fazia pouco tempo que eu havia conseguido um diagnóstico para o meu filho Bruno e agora vinha outro diagnóstico ruim atropelando minha vida.

Muitos pensamentos passavam em minha mente. Uma grande revolta se apossou de mim. As lágrimas corriam em minha face sem controle algum. Eu parava nos semáforos e sentia que as pessoas olhavam para mim, assustadas, de tanto que eu chorava.

O caminho de casa parecia longo, era como se eu não quisesse chegar com aquela notícia. Como iria dizer ao meu marido que nosso outro filho tinha problemas, assim como o Bruno?

De uma hora para outra os problemas começaram a tomar formas e nomes. Finalmente cheguei a minha casa. Meu desespero era tanto que não parava de buzinar o carro quando vi o portão fechado. Minha irmã apareceu calma, mas quando olhou para mim viu que tinha alguma coisa séria acontecendo.

Lembro-me que, quando entrei em casa, entraram comigo vários vizinhos. Todos curiosos, querendo saber o resultado do médico, faziam um monte de perguntas que eu não queria responder. Eu dei um grito e pedi para que saíssem.

Minha irmã estava assustada. Uma pessoa como eu, que nunca levantava a voz para ninguém, de repente colocava todo mundo para fora de casa. Lembro-me ainda que minha casa estava bagunçada. Tinha tanta gente ali só por curiosidade e ninguém para ajudar, apenas minha irmã.

Ela não perguntou nada, esperando que eu me acalmasse um pouco, fez um café e me deu. Viu pelo meu rosto que as notícias não eram boas. Mais calma, falei a ela que o médico supôs que o Lucas não tinha cérebro. Tudo era uma grande confusão em minha mente.

Minha maior preocupação era como dizer ao Wagner sobre os problemas do Lucas. Não me sentia com forças suficientes para tanto, mas eu sabia que tinha de fazer isso, assim que ele chegasse em casa.

Prevendo alguma reação do Wagner, pedi a um casal de amigos, Eduardo e esposa, que estivessem conosco naquele momento. O Wagner não sabia que eu havia levado o Lucas ao médico. É que eu tinha esperança de que todos estivessem enganados.

Meu marido entrou e foi logo brincando com o Eduardo, até achando normal sua presença ali naquela hora. Talvez pelo cansaço não tivesse percebido a tristeza que havia nos meus olhos. Só quando tomou água e perguntou sobre as crianças é que eu finalmente disse que precisaríamos conversar um pouco.

Naquela hora foi como se uma grande paz caísse sobre mim e eu pude falar calmamente sobre tudo o que havia se passado naquele dia.

Ele não conseguia falar nada; apenas disse que gostaria de sair um pouco, tal como eu previra. O Eduardo saiu com ele. Mas sempre temos que retornar. Como já disse, sempre fui de enfrentar as coisas.

Aquele que há algumas horas entrara alegre em casa, brincando, agora estava ali perguntando o que iríamos fazer na segunda-feira.

Era necessário avisar os amigos, pois precisaríamos de ajuda assim que saísse o resultado da tomografia. Nós iríamos a São Paulo, pois ali não havia tratamento para o Lucas.

Infelizmente o resultado da tomografia computadorizada saiu com o mesmo diagnóstico do médico de Araçatuba. Eu não aceitava aquele resultado. Alguma coisa me dizia que havia um erro ali. Foi uma correria. Todo mundo queria saber exatamente o que o Lucas tinha e aos poucos eu explicava o pouco que sabia.

O casal Augusto e Regina, grandes amigos até hoje, esteve

ao nosso lado o tempo todo. Ele entrou em contato com um amigo que fazia parte da equipe de neurologia de um hospital em São Paulo e fomos para lá, sem data definida para voltar. Despedi-me da minha vizinha e Bruno ficou com minha sogra em Campinas. Assim, eu poderia visitá-lo sempre que fosse possível.

Foi em São Paulo que conheci um médico que estaria presente em vários momentos importantes da minha vida, o dr. Mário, neurocirurgião, grande médico e amigo.

Suas palavras estarão sempre em minha memória: "– Olha, dona Vera, seu filho só tem hidrocefalia. Este laudo está errado, felizmente ele tem cérebro sim".

Desde que o Lucas nasceu, esta era a melhor notícia que eu tinha ouvido. Só por estas palavras eu já o admirava. Finalmente um profissional tinha concordado comigo sobre o diagnóstico do Lucas. Eu sempre estivera certa em minha suspeita.

Aí vieram várias perguntas: quais as possibilidades de ele ficar perfeito? Ele vai falar? Andar?

O médico ficava olhando para mim sem falar nada. Foi aí que percebi que ele estava esperando que eu parasse de fazer perguntas para as quais ele, no momento, não poderia responder, mesmo que quisesse.

Ele me olhou sério, como sempre, e disse: "– Não tenho uma bola de cristal para lhe dar respostas. Cada caso é um caso. Cada um tem seu próprio desenvolvimento; dê muita alegria a seu filho, ame-o de verdade e verão como vocês chegarão lá. Eu vou fazer tudo o que estiver ao meu alcance para isso".

O Lucas foi internado no mesmo dia, pois seria operado no dia seguinte, à tarde. Só houve tempo para fazer o exame necessário para a cirurgia. Segundo o Dr. Mário, esta cirurgia deveria ter sido efetuada assim que a criança nasceu.

No mesmo hospital, eu e a Regina, amiga que ficou ao meu lado o tempo todo, conhecemos um menino que também se chamava Lucas e tinha quase o mesmo problema do meu filho. Além da hidrocefalia, ele tinha uma hérnia na cabecinha. Também era uma criança linda e fiquei encantada com o sorriso dele. Conheci outras crianças, mas aquele menino me deu tanta força que nunca vou esquecê-lo.

Também conheci a mãe do menino, uma mulher revoltada que não aceitava o problema do filho de maneira nenhuma. Tentei conversar com ela, mas não teve jeito. Ela não aceitava. Então deixei que o tempo a ajudasse.

A cirurgia foi marcada para as dezesseis horas e lá estávamos nós, todos juntos, esperando o resultado. Após quatro horas de longa espera, o Dr. Mário apareceu e nos disse que estava tudo bem, que tinha corrido tudo normalmente.

Explicou-me como era a válvula que havia colocado na cabeça do Lucas, e quais eram suas funções, e também a do cateter. Todavia, pediu para deixar as perguntas para o dia seguinte e que fosse para casa, pois o Lucas ficaria na UTI até lá. O Lucas permaneceu internado por dezoito dias.

Finalmente era dia de voltarmos para casa. Quanta alegria! Seu rosto, seus olhos, enfim, sua fisionomia estava completamente mudada, ele estava mais bonito.

Lentamente eu fui me inteirando de como funcionava a válvula. Para que servia, como era quando dava problema e como ficava, enfim, conhecendo detalhes.

Na medida do possível tentamos voltar à rotina de uma vida

normal, agora com mais uma criança, com novas deficiências e também grandes desafios. Somente quem tem esse tipo de problema em casa é que pode imaginar como seria dali para adiante.

O Lucas também foi matriculado na APAE para estimulação precoce e outros tipos de terapias que pudesse precisar.

Ele foi crescendo, mas falaram que não poderia bater a cabeça em hipótese alguma. Foi um erro nosso demonstrar essa preocupação ao menino, pois ele usava isto para nos deixar apreensivos, ameaçando bater a cabeça. Fazia por brincadeira, mas poderia usar de forma diferente. São coisas que só aprendemos com o tempo.

Foi muito difícil para o Lucas entender por que o Bruno podia certas coisas e ele não. Eu tenho certeza de que o Lucas poderia estar muito melhor se ele não tivesse convivido o tempo todo com o Bruno. O Lucas cresceu vendo seu irmão agir com violência.

Muitas vezes o Lucas ficava nervoso com determinadas cenas do dia a dia. Sem perceber, nós exigíamos demais dele e ainda o deixamos em segundo plano, porque primeiro tínhamos que cuidar do Bruno, ver como ele estava.

Assim se passaram quase dois anos e meio. Foi quando o Lucas se submeteu à segunda cirurgia de válvula, devido a um entupimento. Esse problema provocava vômitos e sonolência por causa da pressão intracraniana.

Nessa época percebemos que teríamos que voltar para a cidade de Campinas, pois em Araçatuba realmente não havia recursos para o Lucas, apesar de ter tudo para o Bruno.

Esses conflitos nos deixavam inseguros. Como Campinas era uma grande cidade, eu imaginei que não teria problemas com atendimento ao Bruno.

Iniciamos a preparação para uma possível mudança. O Lucas até aquele momento não desenvolvera a fala e começava a se arrastar por toda a casa, mas tinha um rosto lindo.

Era uma criança boazinha e tinha muita felicidade nos olhos. Isto era muito importante para mim, saber que estava feliz.

Não sei por que algumas pessoas são merecedoras de confiança em dose maior. Deus sabe todas as respostas até que um dia, com certeza, nos dirá.

CAPÍTULO XIII

Retornando para Campinas

O Wagner começou, junto com o Augusto, a ver a possibilidade de retornarmos para Campinas com urgência.

Mais uma vez a APAE de Araçatuba, aquela entidade maravilhosa, entrou em ação, fazendo uma correspondência ao serviço social da Empresa, explicando nossa situação com as crianças.

Hoje posso dizer que sei o que é uma entidade de verdade e como os seres humanos e seus familiares devem ser tratados. O carinho e o respeito que me foram dados, a proteção em torno de todos os problemas que enfrentei com aquela equipe maravilhosa de profissionais. Eu aprendi muito com eles.

Como muitas vezes agimos num momento de impulso e acabamos estragando tudo, os psicólogos nos chamam para conversar. Na realidade, só querem nos orientar como agir certo em determinadas situações e é nesse momento que temos de reconhecer o que o profissional está fazendo. Muitos pais ficam bravos, achando que estão sendo recriminados por seu modo de agir.

Tudo o que temos a fazer é aprender e aproveitar a possibilidade de termos um profissional ali, só para a gente, e pelo menos tentar fazer o que ele nos pede.

Essas equipes de pessoas especiais têm um único objetivo: orientar-nos e tentar, o tempo todo, com profissionalismo, nos fazer aceitar aquele ser humano que é nosso filho especial.

O pedido de transferência foi aprovado e lá estávamos nós, mais uma vez, arrumando as malas com muita expectativa, com mais problemas que quando chegamos.

Foi com certa tristeza que me despedi de todos os meus vizinhos. Felizmente fizemos muitas amizades naquele local. Eu saía de lá com uma bagagem bem maior do que quando chegamos, com certeza.

Lembro-me de um comentário do motorista do caminhão que levou nossa mudança. Disse: "– Nossa! Todo mundo que passa aqui pergunta se a senhora está se mudando e sinto que ficam tristes. É muito bom uma pessoa ser tão querida pelas outras!"

A mudança partiu e nós fomos atrás, mais uma vez, cheios de esperança, mais uma vez na expectativa de uma vida melhor.

Alugamos um apartamento de dois dormitórios em um prédio pequeno. Muito aconchegante, num bairro bom, enfim, vida nova.

Tivemos que vender alguns móveis, principalmente o berço que foi dos meus filhos. Uma pena.

Eu via o espanto das pessoas no prédio em saber que as crianças tinham problemas. Eu já estava acostumada com esta sensação e não ligava. Para mim, falar sobre os meus filhos era a coisa mias natural deste mundo. Em hipótese alguma eu me importava, só não gostava mesmo quando as pessoas demonstravam claramente que não queriam que meus filhos chegassem perto dos deles, e isto acontecia muitas vezes.

Determinadas atitudes de algumas pessoas magoavam a gente, mas nós acabamos passando por cima disso também.

O preconceito não está nas crianças e sim na maioria dos adultos. Muitas vezes eu sentia pena dessas pessoas que, por falta de informação ou por ignorância, não deixavam seus filhos chegarem perto das crianças.

Tenho a impressão de que determinadas atitudes confundem as crianças e essas pessoas acabam magoando seus próprios filhos, mas graças a Deus, até com isto nós aprendemos a lidar, perdoar e esquecer.

Eu vejo minha vida com essas crianças como se fosse um estágio, como se eu tivesse estudado para viver aquilo tudo.

Assim que as coisas se acomodaram, a nossa rotina foi se adaptando ao novo apartamento.

Era complicado, pois estávamos acostumados a uma casa grande. Contudo, numa cidade grande como Campinas, um apartamento era melhor, pelo menos a princípio.

O Bruno estava com quase cinco anos de idade e o Lucas ia fazer três anos.

CAPÍTULO XIV

Bruno dos cinco aos nove anos

O Bruno começava a caminhar na ponta dos pés em fase de excitação ou em círculos, embora, na maioria das vezes, sentasse no chão ou no sofá e ficasse naquele vai e vem de corpo. Eu me sentia completamente perdida com ele.

Eu passava as mãos na frente de seus olhos e ele nem piscava; ele estava ali, eu o tocava, alimentava-o sempre, insistindo para que me ajudasse, mas ele se recusava. Eu não poderia desanimar.

O Bruno dos sete aos nove anos não mudou muito.

A imaginação é pequena ou ausente. Quando se tirava algum objeto de sua frente ele imediatamente o esquecia e voltava a se balançar. A fascinação por objetos que rodam – pião, roda, ventiladores – continuava, além do gosto pela música, sem muito barulho.

Na fase de excitação, ele corria muito nas pontas dos pés. Usava as pessoas como pinça quando queria alguma coisa.

A palavra continuava ausente ou com poucas palavras usadas de forma desconexa. O Bruno até aquele momento só havia falado três palavras: mama, papa e pão.

A fala é caracterizada por ecolalia – repetição de palavras ou frases inteiras fora do contexto ou à margem de conversação e também o uso inapropriado do pronome "eu" que é substituído por "você" ou "ele".

Novos sintomas apareceram; uns para melhor, outros para pior.

O Bruno teve momentos de afetividade, mas na maior parte de sua vida permaneceu ausente. A imaginação após os nove anos se tornou um pouco maior.

A agressividade é um comportamento que acompanha alguns autistas, como é o caso do Bruno, ela sempre acompanhou meu filho. Particularmente, eu nunca consegui aceitar que ele se autoagredisse daquela maneira, com violência. Isso traz problemas para a convivência diária. O que é mais difícil, para mim, é lidar com este comportamento. Ele batia nas crianças que tentavam um contato mais próximo e, dentro de nossa casa, nos chutava bastante. O Bruno é bastante rápido nesse tipo de movimento.

Seu comportamento me assustava: bater nas pessoas, bater a cabeça na parede, se autoesmurrar com tanta força. Às vezes eu me pergunto como ele suportava tanta violência para si mesmo e com as pessoas à sua volta.

É importante dizer que este é um comportamento do Bruno, mas eu já vi autista bem menos agressivo do que ele.

A convivência com o Bruno é realmente muito difícil. Eu não consigo imaginar como seria nossa casa se tivéssemos outro filho normal. Certamente, nós teríamos um monte de problemas com a educação dele devido ao fato de abrirmos uma série de exceções ao Bruno.

Hoje vejo que nós cometemos erros. Eu digo isto, não por um filho normal que nós não tivemos, mas mesmo para um deficiente; refiro-me ao Lucas. Aconteceram muitas situações em que ele deixava bem claro que fazia porque o Bruno podia, como: jogar tudo que pegava ao chão, bater nas pessoas, usar fraldas, comer com as mãos, derramar tudo na roupa, urinar quando bem entendesse na cama, no sofá, enfim, uma série de atitudes que daria para confundir a cabeça de qualquer criança normal, quanto mais a do Lucas com suas próprias deficiências.

Vendo pelo lado do Lucas houve uma exigência maior para o seu comportamento. Eu notava que isso o deixava muito contrariado porque o Bruno sempre conseguia mais do que ele e todo mundo acabava passando a mão sobre a cabeça do irmão e com ele era diferente.

Bruno ainda usava fraldas, comia com ajuda em todas as refeições e não havia o desenvolvimento da fala. Os comprometimentos comportamentais como bater a cabeça na parede ou se bater no rosto começavam a me assustar. Ele se agredia com tanta violência que fui orientada pelo seu médico a dar um medicamento para que se acalmasse. Ele começou a tomar o medicamento aos sete anos de idade.

Eu acho o Bruno bastante resistente a qualquer tipo de aprendizado. Com ele , tudo tem de ser analisado e combinado com antecedência e, ainda assim, deve-se contar sempre com imprevistos.

Até hoje, crianças tentam algum tipo de contato com ele, e ele sempre sorri, mas assim que tem oportunidade, ele chuta e bate nas pessoas. O Lucas vê estas cenas e se revolta. Quando via o irmão agredindo uma amiguinha dele, ia para cima do Bruno, mas eu o defendia sem perceber e isso não era bom para o Lucas. Se descuidássemos, nas refeições, ele colocava as mãos nos pratos dos presentes à mesa ou pegava os alimentos nas próprias panelas e quando não gostava deles, jogava-os no chão ou no sofá.

Esta fase foi longa e trabalhosa. É necessária muita vigilância e persistência também, mas com paciência a pessoa que cuida dessa criança pode começar a fazer com que pegue tudo o que joga e coloque em cima da mesa. O Bruno pegava, só que ria muito em seguida.

Tudo era feito por mim, praticamente sozinha, mas digo que quanto mais pessoas houver na família que possam ajudar, melhor será.

O que acontece na maioria das vezes é que quando nasce uma criança especial, você ouve uma porção de palavras confortadoras, no início algumas pessoas estão ao seu lado, mas após alguns meses as coisas mudam muito e, devagar, aquelas pessoas vão se afastando delicadamente, ficando somente os amigos de verdade.

Os meus amigos permaneceram e conquistei outros, graças a Deus. Muitos se lembram de todas as fases pelas quais o Bruno passou. Algumas atitudes dele nos surpreendem como, por exemplo, ficar muito nervoso diante de uma discussão familiar e se agredir por causa disso. Eu digo que se fosse uma criança normal, ficaria nervoso, se trancaria no quarto e ligaria o som bem alto para não ouvir a discussão, ou sairia para a casa de algum amigo e só voltaria mais tarde; penso que essas seriam atitudes de pessoas normais.

Notei também que por mais fechado que ele fosse em seu mundo, às vezes eu o sentia ali, presente, e algumas vezes até sentia manifestações de carinho. Nessa fase ele mantinha bastante contato visual.

Também enfrentei dificuldades com tratamento dentário para o Bruno, pois é o tipo de paciente que necessita de anestesia geral ou parcial em determinados casos.

Sabendo das dificuldades para criar filhos especiais, algumas mães tentam manter os dentes das crianças, na medida do possível, limpos e cuidados e, na maioria das vezes, só se lembram desses profissionais quando se desesperam com a dor dos filhos, aí vêm as perguntas: – O que vamos fazer? Onde vou achar um dentista que queira tratar o dente do meu filho? E se aceitar, será que vai conseguir?

Mas o ideal é, na medida do possível, levá-los desde pequenos ao dentista, como uma terapia para eles e também para nós, pois eles não sentirão dor e não haverá trauma em iniciar um tratamento de prevenção. Isto é o correto.

Com este livro espero poupar os pais de sofrimentos que eu passei e que poderiam ser evitados se eu tivesse tido orientação e atendimento aos quais temos direito, mas que muitas vezes não são cumpridos.

Tanto o Bruno como o Lucas encontraram apoio no ambulatório de odontologia das Casas André Luiz, em São Paulo. Entidades como essa merecem e precisam da ajuda de todos os que podem cooperar para mantê-las em funcionamento. São muitos os pacientes e a maioria é carente, mas ali recebem muito mais que um tratamento odontológico.

Toda vez que pensávamos fazer um passeio era necessário tomar uma série de providências com relação ao Bruno. Com o Lucas foi mais fácil, porque, além de obediente, começou a formar frases com seis anos. Eu achei uma graça! Ele começou a falar com quase cinco anos, mas tínhamos dificuldades em entender o que dizia, mesmo assim sempre foi mais fácil porque ele brinca com outras crianças e brinca sozinho, enfim, ele tem uma atividade.

Fazemos muitas caminhadas com o Bruno e passeios em parques, mas sempre em lugares abertos, pois em determinados locais fechados ele fica nervoso.

Aos sete anos a agressividade do Bruno aumentou muito; então, passou a receber acompanhamento psiquiátrico a cada quinze dias ou uma vez por mês. Ele se dava socos e tapas, com tanta força que chegava até a sangrar o nariz, de três a quatro vezes ao dia.

Vendo isso, tive a ideia de colocar luvas de karatê para auxiliar a proteção do rosto e um capacete de boxe para a cabeça.

Para nós, pais, é muito difícil enfrentar todas as fases de uma deficiência, cada qual com sua particularidade, sendo que alguns não têm a autoagressão, são bastante calmos. A autoagressão é um dos sintomas mais difíceis de aceitar. Ver um filho, que você cuida com amor e luta de todas as maneiras para que não falte nada a ele, se agredindo o tempo todo, é muito doloroso. Eu não aceito e tenho certeza que ninguém, no meu lugar, aceitaria.

Eram muitas as pessoas que viam e não se conformavam com tanta agressividade. Ele tomava uma série de calmantes, mas o efeito era por um período curto e logo estava ele, de novo, se agredindo.

Um tempo depois o Bruno resolveu dar uma trégua na agressão, colocava as mãos dentro da calça comprida, e só não se agredia se estivesse de calça comprida. Ele passou a ser assim o tempo todo. No início era engraçado, e para nós, qualquer coisa valia para que ele mudasse seu comportamento.

Bruno só tirava as mãos das calças e se agredia quando estava nervoso. Apesar desse quadro, surgiram outros problemas; ele já não ajudava em mais nada, nem para comer, sendo que eu lhe dava todos os alimentos na boca. Eu tentava fazer com que ele segurasse a colher ou o copo. Alguns comem compulsivamente, é impressionante. No caso de Bruno, se eu não desse a ele, não comia nada direito, sem a fala ficava tudo na base da adivinhação. Para entrar em um carro ou para sair dele era necessário uma pessoa puxá-lo, porque normalmente ele se recusava a cooperar, mas eu e o Wagner sempre passeamos muito com nossos filhos.

Entre tantas coisas estranhas que eles fazem, o Bruno nesta mesma fase de sete anos só queria ficar descalço. O problema maior era no inverno, quando ele também insistia em estar sem calçados. Também tiram as calças e não se importam nem um pouco onde estão, e muitos não gostam de se agasalhar. Nós é que temos que nos preocupar com isso.

Eu estava com o Bruno em um shopping da cidade, ele calçava apenas meias e após algum tempo, formos parados por um segurança que me disse gentilmente que meu filho não poderia permanecer no local daquele jeito. Eu simplesmente olhei para ele, comecei a rir e disse: "– Moço, traga-me aqui a lei que eu levo meu filho embora" – e saí de perto. Essa e muitas outras cenas são comuns, assim como ouvir de uma senhora que o lugar de meu filho não era dentro de um supermercado, mas dentro de um hospício.

Estas são só algumas das situações que enfrentamos, por isso muitas vezes não devemos julgar algumas atitudes de determinados pais: eu mesma já vi muitos autistas jogando bola, pedalando em uma bicicleta, rodando um pião e brincando num parque, como já acontecera com o Bruno num momento de lucidez.

Eu também tenho vontade de nadar com o Bruno, de correr sem precisar segurá-lo pela mão, como gostaria de tê-lo como um filho normal, eu acredito que ele tenha uma voz linda, mas tenho consciência de que isto não é possível. Já sonhei muitas vezes com esta possibilidade.

Às vezes eu paro e olho para minha vida. Não a tenho mais para mim e meu marido, nós simplesmente deixamos de viver as nossas vidas e as estamos dedicando, com toda força, para os filhos que Deus, Nosso Senhor, nos deu de presente.

Vejo que tamanha foi Sua confiança quando nos enviou dois filhos especiais e só espero que possamos ter forças suficientes para chegarmos até o fim juntos, nós quatro.

Em Campinas decidi procurar uma nova escola para meus filhos. Mais uma vez eu iniciava a caminhada e agora não era mais um e sim dois. Dois com problemas completamente diferentes, só que naquela época eu não tinha esta percepção que tenho agora.

Percebi que quando eu falava que meu filho era autista, a resposta saía bem depressa da boca de determinados profissionais: "– Nós não atendemos autistas". Foi uma fase complicada para mim, pois eu acabara de sair de uma das melhores escolas que já vi.

Estava muito difícil porque eu tinha que conseguir uma instituição para cuidar do Bruno e uma escola para o Lucas, ao mesmo tempo. Comecei a não dizer o que o Bruno tinha, não falava mais o diagnóstico dele em lugar nenhum. Notei que se não dissesse nada eu teria uma chance. Não demorou muito para que eu conseguisse uma colocação para ele numa instituição que atendia vários tipos de deficiência.

A Sociedade Pestalozzi era uma instituição com profissionais muito bons. Foi ali que eu conheci pessoas amigas que até hoje estão ao meu lado. O Bruno conseguiu conquistar a todos. Toda a equipe que trabalhava com ele se esforçava ao máximo para ajudar a Rita, sua professora. Pegavam o Bruno no colo e o alimentavam, faziam-no segurar a colher com as próprias mãos e muitas outras coisas. Esta mesma equipe me ajudou a conseguir uma triagem na Unicamp.

No setor de neuropsiquiatria foram feitos vários testes.

Como eu já sabia o diagnóstico, era fácil responder a todas as perguntas e em um mês saiu o resultado: Autismo.

Todavia, pensei que não fosse problema para a escola, uma vez que o Bruno estava lá há algum tempo. A alegria não durou muito. Foi só mais um ano.

Ao mesmo tempo, o Lucas fazia uma experiência numa escola de pré com crianças normais. Foi muito importante aquele contato com as crianças, uma experiência maravilhosa. O Lucas estava muito bem, era uma criança maravilhosa. Digo isso pelo fato de conviver com um autista grave, como o irmão dele.

Na mesma época, a Unicamp sugeriu que eu iniciasse um estudo com eles no setor de genética, mas como era muito difícil para ir sozinha e de madrugada com os dois, não foi possível aceitar.

O Bruno, por dois anos, permaneceu na Pestalozzi com crianças de várias deficiências neurológicas. Em minha opinião, dependendo do grau de comprometimento, crianças autistas não devem ser misturadas. Foi justamente quando eu analisava este lado que fui chamada para uma reunião de diretoria na escola.

A diretora era uma senhora muito amiga. Mas, nesse dia, percebi que ela fazia rodeios até que começou dizendo: "–Nós, a equipe, chegamos à conclusão de que o Bruno está na entidade errada e que nestes dois anos não estamos percebendo retorno com o trabalho que está sendo efetuado".

Agora, mais uma vez, ele estava sendo colocado para fora de um atendimento. A lembrança de sua antiga escola veio a minha mente, local de onde ele nunca deveria ter saído.

As lágrimas começaram a correr mais uma vez em minha face por saber que ele estaria sem escola no próximo ano.

Eu estava muito apreensiva. Meus filhos estavam sem escola. O Bruno já estava com quase nove anos e o Lucas bem próximo dos seis e o pior é que já havia feito a sexta cirurgia de válvula e fora dispensado da escolinha pelo fato de precisar de um atendimento direto e de várias terapias com fonoaudióloga, terapeuta ocupacional e toda uma equipe para atender suas necessidades.

CAPÍTULO XV

Encontrando ajuda especializada

Há uma entidade em Campinas chamada Adacamp – Associação para o Desenvolvimento dos Autistas em Campinas. Naquela época, a entidade atendia menos de dez alunos e era mantida pelos pais daquelas crianças. Eu, particularmente, ainda não havia estado naquela escola, mas diante dos fatos eu tive de conhecer o lugar.

A diretora da Pestalozzi prometeu que daria uma força para conseguir uma vaga na Adacamp para o Bruno. Tudo foi muito rápido e num instante o Bruno estava na escola, mas de repente, não estava mais.

Explico: Um doador havia contribuído com um bom terreno para ser construída uma entidade, mas as instalações estavam em condições precárias, o que me deixou muito triste: amais poderia deixar meu filho querido naquele local.

Depois de algum tempo voltamos lá e estava do mesmo jeito...

Nessa época havia uns oito autistas e nenhuma expectativa de melhora.

Claudete Costa Ricarte era uma senhora que fazia um

pouco de tudo ali. Aos poucos tentamos arrumar mais sócios e fui me inteirando junto à FEAC – Federação das Entidades Assistenciais de Campinas, qual o melhor procedimento para melhorar a entidade. Eram tantos os problemas que às vezes achávamos quase impossível resolvê-los, mas estávamos com muita expectativa de uma vida melhor.

Passei a participar da convivência com crianças autistas, a trocar experiência com as mães e descobri que tinha muito material sobre o assunto, muitos dados e que era a única que havia guardado tanto papel durante anos.

Percebi que poderia passar aquele material para os profissionais utilizarem no trabalho com as crianças. Fui convidada a ser a segunda tesoureira. Aceitei o cargo como voluntária, foi aí que comecei a comparecer às reuniões e ver os problemas bem de perto.

Aceitamos membros na diretoria que não eram pais de autistas, pois poderiam opinar melhor, pelo fato de não estarem envolvidos emocionalmente e, particularmente, achei a experiência muito boa.

O Projeto de Associação de Pais sempre começa com um grupo de pessoas com problemas afins, que buscam apoio técnico. É o encontro de outras famílias que se unem pelo mesmo desejo de ajuda e apoio.

As diversas deficiências podem deixar as crianças e os adolescentes afetados com um grave atraso no seu desenvolvimento global; este é, sem dúvida, um dos problemas mais complexos e um dos que pouco sabemos sobre causa e cura.

Posso dizer por experiência própria que as famílias dessas crianças sentem-se desnorteadas, parece que tudo o que procuram é pouco para a abrangência do problema. O sonho de encontrar um profissional que lhes dê todas as respostas e soluções dá lugar a inúmeras desilusões: são anos de tentativas, gastos altíssimos, e o pouco que encontram é fragmentado. Mesmo assim, as famílias acreditam em milagres, vemos, como ninguém, o potencial de nossos filhos e isto faz com que não aceitemos os rótulos, pois sabemos que na maioria das vezes significa não tentar.

Para nós, nossos filhos são únicos e merecem todas as oportunidades que o mundo possa oferecer. Devem fazer terapias para se desenvolverem cada vez mais, terem a oportunidade de usar e de fazer todos os exames para um diagnóstico correto, passar sempre pelos exames genéticos para que os pais saibam da possibilidade de haver outras doenças associadas.

Uma boa oportunidade, além do apoio e do conforto, é ter um lugar para que as crianças encontrem amor, ajuda, compreensão, cuidados médicos, principalmente da psiquiatria, por ser a parte comportamental uma das mais atingidas, como é o caso do meu filho Bruno.

Uma coisa que pude analisar é que uma família com uma criança autista deve estar sempre atenta ao ambiente. As crises nervosas são sempre repentinas, às vezes por uma música, uma propagando de televisão ou um portão sempre trancado. O Bruno já teve uma crise em um posto de gasolina, por causa de uma furadeira elétrica ligada. É tudo muito rápido, mas aquele instante de violência com ele mesmo traz, em fração de segundos, estragos violentos em seu rosto. Em outros momentos podem se morder, chutam, e nessa hora é preciso muita calma, tentar segurá-los e falar com muita meiguice, desligar o que está causando a crise ou tirá-los do local imediatamente, se possível.

Pelo comportamento agressivo e inesperado do Bruno, ficamos sempre apreensivos quando recebemos uma visita, pois nunca sabemos qual será sua reação.

Hoje sei que um autista sente dor em todos os sentidos, tanto orgânica como dor emocional. Peço a Deus para que o Bruno não tenha dor ou se tiver que eu possa sempre identificá-la logo, porque um dos meus maiores problemas foi com dor de dente, que foi muito difícil de identificar. Pelo fato do Bruno agredir o local que estava doendo, acabava causando mais dores ainda... Hoje eu sei, mas naquela época não. Só com o tempo que temos mais clareza das coisas e dos problemas que enfrentamos no dia a dia.

Às vezes o Lucas sai com o pai e o Bruno fica comigo, ele chora e fica muito nervoso. Quando era menor, para ele era indiferente. Percebo também que com o meu marido ele tem muitos momentos de carinho e respeito. Quando o Wagner o chama, sai correndo, ri, mas obedece.

Para o Lucas é muito difícil aceitar que determinadas coisas o Bruno pode fazer e ele não; são erros que cometemos sem perceber, mas o tempo nos mostra que estamos enganados e assim tentamos nos consertar sempre que possível.

Eu sinto que o Lucas precisa de um diferencial normal, era necessário que ele convivesse mais com crianças normais, porém, está sempre com a gente, vendo todas as crises do Bruno, assistindo tudo bem de perto.

Eu não condeno as pessoas que internam um filho autista, mas só os que têm condições fazem isso, o que não é o caso da maioria, pois as clínicas são caríssimas. Graças a Deus eu não tive alternativa a não ser aprender a amá-lo e cuidar dele, com isso obtive uma montanha de conhecimentos.

Em todas as minhas observações ao longo dos anos, reparei que na adolescência os pais de autistas recuam no tratamento com seus filhos, não por desânimo, mas por falta de força física ou pelo cansaço. Ontem ele era um bebê e hoje um adolescente como outro qualquer, só que mais difícil de lidar. Sua força agora é muito grande, seus tapas e pontapés machucam mais. Em minha procura por respostas, encontrei que a maioria dos autistas a partir dos dezessete anos começa a se acalmar. Espero que isso aconteça com o Bruno, pois ele tem crescido muito e minhas condições físicas já foram muito melhores.

Entre tantas reuniões e trocas de ideias, eu sempre disse às mães que o Autismo precisava ser mais divulgado e obter mais ajuda, mas para isso era preciso que todos contribuíssem.

Houve muitos eventos e várias mães ajudavam, mas precisávamos ainda de mais colaboração. Houve modificações na equipe técnica e, foi nesta época que tive a oportunidade de conhecer a coordenadora da Adacamp, Mercia Costa, uma pessoa maravilhosa, sem experiência com autistas, mas com grande bagagem em outras deficiências. Foi neste início de amizade que mostrei a ela o meu pequeno resumo da vida do Bruno. Ela leu e achou muito bom e muito corajoso da minha parte falar dos problemas sem reservas.

Quase nesta época se iniciava o 1º Simpósio sobre Autismo com profissionais de vários lugares, inclusive médicos neurologistas e psiquiatras para palestrar. Eu e minha amiga Augusta fomos chamadas para falar sobre nossos filhos e responder a algumas perguntas, o que foi muito proveitoso para nós.

Aproveitei a presença dos médicos para perguntar, por exemplo, se tinham alguma coisa a dizer sobre agressividade, principalmente do meu filho Bruno, mas infelizmente não podiam afirmar nada sem um estudo detalhado do caso. Perguntei, por curiosidade, se os autistas tinham alucinações, ele me afirmou que não, este era mais um quadro do esquizofrênico. Pedi também que, como médicos, lutassem por diagnósticos precoces e que na pediatria esta síndrome fosse mais pesquisada.

Expliquei a importância de um diagnóstico quando se tem um filho autista e da dificuldade em se chegar a ele e como isso é importante para a família e para a própria criança que, na medida do possível, recebe um atendimento adequado.

No simpósio, dei algumas entrevistas para alguns canais de televisão falando sobre o Autismo e suas dificuldades.

Para nossa tristeza, a Adacamp pegou fogo e queimou tudo o que tínhamos de material pedagógico para trabalhar com as crianças. Fazia apenas quinze dias que tínhamos iniciado uma campanha para tentar divulgar a síndrome e ajudar a todos de forma geral. O fogo destruiu o que tínhamos, menos o estatuto de entidade, que não estava lá no momento.

Na ocasião houve muito apoio com a notícia do incêndio, uma vez que o assunto estava sendo divulgado e as redes de televisão mostravam imagens do que havia sobrado. Conseguimos muita ajuda, a prefeitura mandou pedreiros, e engenheiros se apresentavam como voluntários. Com todo esse apoio, tivemos nossa escola de alvenaria.

Dias depois foi comemorado o dia do deficiente e novamente fui convidada a dar entrevista para uma emissora de televisão.

Levei meus dois filhos e o interesse da mídia pelo assunto fez com que houvesse uma maior conscientização por parte das pessoas que assistiram às reportagens, pois elas foram ao ar em horário nobre.

Tanto o Bruno quanto o Lucas tinham suas escolas, finalmente, depois de tantos desencontros da vida. Tudo corria bem, até ser surpreendida por problemas de coluna. Há três anos eu havia sido submetida a uma cirurgia de hérnia de disco, por movimentos inadequados, e mais uma vez estava sem conseguir caminhar, talvez por não ter tomado os devidos cuidados após a primeira cirurgia. Depois de muita correria, eu não aguentava mais caminhar, pois a dor era constante e insuportável.

Na primeira cirurgia a que me submeti, foram retiradas três hérnias de disco. A equipe médica era de minha inteira confiança, pois era a mesma que operava o Lucas. Após três anos eu estava voltando para a sala de cirurgia.

Deu tudo certo. Revi algumas enfermeiras que se lembravam de mim, conheci pessoas maravilhosas e consegui voltar para casa feliz e consciente de minha fragilidade. Fui proibida de cuidar do Bruno por causa da coluna, mas eu sabia que era impossível. Quem assumiria um caso tão especial além de mim?

Graças a Deus, nossa rotina voltou ao normal e eu pude retornar à minha vida com meus filhos, forçando mais o Bruno e o Lucas a realizarem sozinhos algumas atividades, embora não pudesse esperar muito deles.

Sempre me senti muito bem nas entidades que meus filhos frequentavam; às vezes eu tinha a impressão de que sempre convivi entre aquelas crianças; conversar com as mães me fazia bem, nós trocávamos ideias sobre nossos filhos, algumas vezes conseguíamos esclarecer dúvidas, porque as idades eram diferentes.

Tudo estava muito bem até que, um dia, meu marido, lendo um jornal, perguntou se eu gostaria de morar em Caraguatatuba, pois há algum tempo procurávamos uma casa para comprar. Ouvi-lo falar em sair de Campinas, isso me pegou de surpresa, mas decidimos nos mudar para o litoral, conforme ele havia sugerido.

Foi tudo muito rápido: os preparativos para a mudança, a comunicação na Adacamp... A surpresa foi geral, todos custavam a acreditar que estávamos partindo de Campinas.

A professora do Bruno, Roseli Guirão, que eu considero uma amiga, providenciou dois álbuns com fotos de alguns colegas do Bruno, e recebemos mensagens de muito carinho. Foi linda a nossa despedida.

Vera,

Enquanto você bebia um pouco de nossa água, nos aprendíamos e crescíamos muito com você, pela sua fé e coragem.

Que bom que podemos conhecê-la, que bom que você existe!

Continue na luta, não desanime nunca.

Que Deus a abençoe e a recompense sempre.

Felicidade na nova jornada.

Com todo nosso carinho e admiração.

Seus Amigos da Vida – 25/09/1998

É muito bom quando partimos de algum lugar e percebemos o quanto somos queridos. Alguns se recusaram a se despedir, outros preferiram ficar conosco até o último minuto. Tanto na Adacamp quanto na escola do Lucas.

Além dos álbuns, ganhamos cesta com muitas delícias e mensagens. Ainda choro quando me lembro daquela despedida. Havia amor ali e muita sinceridade em todos.

Até hoje, às vezes, me pergunto por que nos mudamos para o litoral. O que Deus, nosso Pai, estaria me reservando no futuro? Não pela cidade, pois gostei desde o início. É um lugar em que se vive bem e se tem muita paz.

Em Caraguatatuba não havia entidade para crianças autistas; apenas uma APAE. O Lucas chegou com uma carta de encaminhamento para o *Projeto de Inclusão em Toda Criança na Escola*. Em minha opinião foi mais uma porta que se abriu para esses seres humanos que necessitam de cuidados em todos os sentidos. Sabia, contudo, que quando o Lucas fosse incluído no projeto enfrentaríamos problemas. Eu acompanhava este projeto em algumas escolas de Campinas e pude verificar o comportamento que pais de crianças ditas normais apresentavam em relação aos pais de crianças especiais.

Nossa casa era uma graça, todos estavam felizes, o Bruno estava curioso, querendo conhecer tudo ao redor. Para alguém que não aceita qualquer tipo de mudança de rotina, aquela confusão o deixou muito agitado e o curioso. Não sei se pelo clima do litoral, mas ele dormiu bastante de dia e de noite, durante alguns dias. Foi ótimo, pois tudo o que precisávamos era conseguir colocar a casa em ordem, sem o Bruno no meio de tudo.

O Wagner conseguiu três dias de folga para me ajudar, sem falar em minha irmã Ana, que muito nos auxiliou em tudo. Uma vizinha, a Cleusa, me ajudou muito nos primeiros meses e continua me ajudando até hoje, nos mostrou o quanto a cidade é bonita. Eu me imaginava andando com os meninos na praia e fazia mil planos. Seríamos felizes ali também.

Aos poucos fui me inteirando do que a cidade tinha a nos oferecer. Comecei a me preocupar quando observei que, apesar de as coisas estarem melhorando, na cidade ainda não havia como oferecer boa qualidade de vida para crianças especiais. Conheci a APAE, mas como eu previa, não havia nada para a síndrome do Autismo, nem em clínica particular.

Por esse motivo, tive a ideia de escrever sobre o assunto em um jornal da cidade. Era uma forma de divulgar e de ajudar as mães do lugar. Falei dos sintomas que vivenciei com meu filho, que são vários como a resistência a métodos normais de ensino, risos e gargalhadas inadequadas, ausência de medo de perigos reais, falta de carinho, brincadeiras inadequadas e estranhas, falta de integração em grupos, falta de contato visual em determinadas fases, conduta distante e retraída. Os autistas podem ainda passar a agir como se fossem surdos em certos períodos, mudarem de humor repentinamente, se sentirem fascinados por objetos que giram, resistirem a mudança de rotina, se apegarem a algum objeto de forma inadequada e podem ser hiperativos ou extremamente passivos, dependendo do caso.

Várias pessoas me perguntavam como é possível fechar um diagnóstico de Autismo. Posso dizer que é muito complexo, porque é baseado na observação do comportamento da criança.

A família é a grande aliada dos profissionais durante esse processo.

O Autismo pode estar associado a outros problemas: distúrbio de funcionamento do cérebro, distúrbios metabólicos e retardamento mental, por exemplo.

Alguns cientistas afirmam que níveis elevados de certas proteínas no sangue, identificadas após o nascimento, podem sinalizar o desenvolvimento do Autismo. Essa descoberta poderá levar a um diagnóstico precoce e consequentemente a um melhor tratamento desses distúrbios.

Cientistas dos Estados Unidos da América do Norte identificaram a existência de uma concentração de proteínas no sangue neonatal (do recém nascido), chamada fator de crescimento neural, significativamente maior nas crianças que desenvolveram Autismo ou retardo mental.

É importante destacar que Autismo e retardo mental são síndromes completamente diferentes. O Autismo, moléstia de desenvolvimento, atinge uma a cada 500 crianças.

Geralmente, o diagnóstico é feito depois que os primeiros sintomas começam a aparecer, entre dois e cinco anos de idade. Não foi o caso de Bruno, pois observamos a síndrome a partir dos nove meses de vida.

Meu filho não respondia ao contato humano, teve um lento desenvolvimento de linguagem e apresentava comportamento estranho como bater a cabeça várias vezes na parede ou no chão e ter acesso de gritos ou de violência. Neste caso, a violência é um importante sintoma.

Os autistas têm problemas de base neurológica, mas ainda não se encontrou nada que seja exclusivo do Autismo.

No Bruno, em exame de ressonância magnética, foram detectadas anormalidades em estruturas cerebrais, como o cérebro e a amígdala, que poderiam estar ligadas ao surgimento do Autismo.

Todavia, não se sabe que tipo de defeito, nessas regiões, provoca o distúrbio. Mas foi diagnosticado também que ele tinha 75% de auto e heteroagressividade. Este comportamento permanece até agora já na adolescência e isto impõe um tremendo desafio para todos que lidam e que convivem com a gente.

Quando o Bruno estava com catorze anos e meio, nossos passeios eram mais livres. Deixava o Bruno e o Lucas soltos na praia, mas sob vigilância, apesar de o Bruno não apreciar a água do mar.

Percebemos que o Bruno estava mais amoroso, mais ágil e com aquele sorriso que Deus lhe deu: ao mesmo tempo que seu sorriso o iluminava nos transmitia o quanto era feliz e amado. Começou a babar menos, as crises deram uma trégua e entre tantas coisas boas, algumas vezes fazia xixi no vaso sanitário, o que eu vinha tentando há anos.

Nesta mesma época, em Caraguatatuba, o Bruno necessitou novamente de tratamento dentário e, além de tantas portas fechadas, ouvi de um chefe de odontologia que era um problema social meu e do meu marido. Mas, como já falei, sempre aparece alguém para nos ajudar.

Tomei conhecimento das Casas André Luiz em Guarulhos. Aquele lugar me pareceu um sonho, a forma como fomos tratados nos deixou muito agradecidos. Meu desespero se resumia no fato de o Bruno não poder dizer onde doía.

O certo é sempre nos colocarmos no lugar deles, pois percebem que alguém realmente se preocupa e os ajuda de coração. O Lucas, depois que chegamos a Caraguatatuba, passou por mais três cirurgias neurológicas por causa da válvula. Ele sofreu uma defasagem neurológica. Também chorava muito, aparentemente sem motivo. Às vezes, ficava nervoso e em seguida me abraçava e pedia desculpas.

Sempre vi no Lucas um companheiro. Geralmente, é com

ele que dou risadas gostosas e, quando estou muito cansada, é em seu ombro que eu encontro o apoio que preciso. Ele sempre me pergunta:

"— Quer minha ajuda, Verinha?" É assim que ele me chama.

E foi nesta época de pequena melhora do Bruno que resolvi verificar a possibilidade de colocar o Lucas no *Projeto de Inclusão de Toda Criança na Escola.*

O projeto não estava tão adiantado como o de uma grande cidade, mas os questionamentos eram os mesmos: adaptação de ambas as partes. Tivemos muitos problemas com alguns alunos, mas principalmente com as mães. Os maiores preconceitos estão nos adultos, as crianças são maravilhosas demais para esse sentimento. Para o Lucas foi maravilhoso no início, pelo menos.

Após alguns meses, o Bruno começou a demonstrar uma agitação maior do que a que estávamos acostumados. Ele começou a jogar o corpo para trás e colocava as mãos na frente como se fosse um canguru. Eu diria que era um movimento involuntário.

A agitação era muito mais intensa. Uma sensação de desespero começou a tomar conta de mim, pois era uma situação fora do controle. Eu, sinceramente, não sabia o que fazer, um médico me falou que nessa idade alguns autistas sofrem mudanças, boas ou ruins. Alguns melhoram outros pioram e alguns até morrem. Lembro-me de ter dito que o Bruno estava bem, que ele só era autista e não ia acontecer nada de grave.

Estava enganada. Esta fase foi se acentuando cada vez mais. Suas agressões, tanto com a gente como com ele, se tornaram extremas. Seu rosto ficou totalmente deformado várias vezes. Saía muito sangue da orelha, da boca e do nariz.

Foram muitas as ocasiões em que corri para um hospital, levando-o. Como não havia pronto-socorro psiquiátrico, as coisas se complicavam, pois as pessoas se assustavam com aquela situação.

Normalmente neste caso, o médico de plantão aplicava uma injeção de calmante e ele dormia de três a quatro horas. Quando passava o efeito da droga, tudo voltava ao início. Muitas vezes as crises retornavam ainda mais violentas.

Nessa época ele tomava um medicamento com a intenção de fazer baixar sua pressão e assim diminuir sua força física para tentar acalmá-lo um pouco ou, quem sabe, fazê-lo dormir. De início o medicamento estava fazendo efeito mas, como todos, só funcionava por um determinado período, pois o organismo se acostumava com a droga. As crises não passavam nem mesmo com a medicação. Parecia que ele sentia dores horríveis, mas eu não conseguia localizá-las. Observei também um aceleramento cardíaco. Estávamos totalmente perdidos, parecia que ninguém poderia nos ajudar. Como eu gostaria de ser médica e poder interná-lo para fazer exames até chegar a uma conclusão.

O curioso foi que uma noite eu sonhei que estava na área de minha casa quando se aproximou de mim uma pessoa estranha e sentou-se ao meu lado, colocou sua mão sobre a minha e começou a falar comigo.

Eu não conseguia ver o seu rosto, mas sentia perfeitamente sua presença, sentia também que era uma pessoa de idade e do sexo masculino.

Ele me disse: — "Filha, eu vim avisá-la que você vai atravessar uma fase difícil com o Bruno, você terá que ser muito forte. Espero que esteja preparada". No mesmo instante eu senti um grande carinho invadir meu corpo, então acordei. Quando tomei consciência de que havia sido um sonho, levei um susto e pensei: "As coisas estão tão difíceis, como poderão ficar piores?"

Quando a garota que estava me ajudando chegou, nós nos cumprimentamos com um sorriso e um bom dia gostoso, pois sabíamos que seria mais um dia de desafio. Contei a ela o sonho, ela riu e perguntou: — "Como fase difícil, se já não estamos dando conta desta? Ainda bem que foi um sonho". Mesmo concordando com ela, fiquei preocupada, pois tudo fora muito real.

Passaram-se semanas e o Bruno continuava estranho, era muito confuso e estávamos fora de controle. Ele jogava tudo no chão, à noite o cansaço era tanto que mal eu me aguentava em pé.

Eu já tinha ouvido falar nessas fases difíceis pelas quais os autistas passam como, por exemplo, não querer ficar vestido mesmo quando faz frio e não querer ficar calçado. O Bruno andava, na maioria das vezes, com meias, mas mordia muito as mãos.

No decorrer dos dias foram várias as vezes em que pegamos o Bruno caído no chão do quintal ou na frente de casa. No primeiro instante achamos que era uma queda de pressão arterial, mas a pressão estava normal, apesar de tantas medicações.

Numa noite de chuva o Bruno caiu e cortou a testa. Com a ajuda de um vizinho, nós o levamos ao hospital e foram dados cinco pontos. No nariz só houve um desvio, pensei que houvesse quebrado.

Às vezes eu me pergunto como é possível estarmos no século XXI e ainda passarmos por determinadas dificuldades. As pessoas nos olham com piedade quando veem a situação, mas ninguém precisa disso. Precisa, sim, de ajuda.

Outra observação, que quero fazer de forma clara, é sobre o fechamento dos manicômios ou hospícios, que eu acho ótimo. Porém, aumentou o número de clínicas particulares para internações, ou seja, é para pessoas com recursos financeiros.

Eu esperava, com esse acontecimento, que houvesse mais orientação para as famílias e um atendimento de qualidade para os pacientes psiquiátricos. Isto não existe em cidades pequenas, talvez apenas nos grandes centros.

A maioria das famílias desses pacientes não sabe nada sobre o que está ocorrendo com eles. Não encontram apoio de ninguém, não há um trabalho contínuo, tanto para a família como para o paciente.

As próprias entidades que atendem pessoas com várias deficiências mentais sobrevivem com dificuldades, realizando festas, bazares, e, graças a Deus, recebem doações de pessoas que, felizmente, vivem no Brasil e se preocupam com os outros.

Os amigos de Campinas mais uma vez se manifestaram, tentando nos ajudar.

A Mercia Costa, coordenadora pedagógica da Adacamp, entrou em contato com o dr. Cesar de Moraes, um psiquiatra amigo nosso que se mostrou pronto a nos ajudar. Afinal de contas, o Bruno era muito querido por todos, graças a Deus.

Sua primeira internação aconteceu em Campinas, no setor de psiquiatria. Ele não se aguentava em pé de tanta fraqueza. Foi quando pela primeira vez passei a frequentar uma psiquiatria de hospital e tive a oportunidade de conhecer outro lado da vida desses pacientes. É outro mundo.

Os médicos e os enfermeiros trataram o Bruno muito bem. Ficaram admirados com as condições físicas em que ele se encontrava, bastante debilitado, mas isso foi em virtude de uma pneumonia.

No decorrer dos dias foram feitos muitos exames no garoto e eram muitas as hipóteses a respeito do problema. A equipe de profissionais era grande e contava com a ajuda de professores para chegar a um diagnóstico. Eles diziam que era um quadro grave de degeneração de vários órgãos.

Eu ficava sentada ao lado do Bruno, contido pelas mãos e pés. Soltávamos para levá-lo ao sol ou para tomar banho, mas sempre com ajuda de uma enfermeira.

O Bruno continuava a se agredir muito, apesar de não parar em pé direito. Eu chorava muito vendo-o naquela condição, pois eu sempre o tratei com toda liberdade do mundo. O Bruno passeou mais do que qualquer outra criança que eu conheço; em todo lugar que eu ia, lá estavam, o Bruno e o Lucas, comigo o tempo todo.

Agora eu estava ali numa psiquiatria, junto com ele. Conversava com profissionais que tentavam mostrar-me o que era possível fazer para amenizar o sofrimento dele e o nosso também.

Ele já não ficava em pé sozinho, era preciso ajuda 24 horas por dia. Eu sempre acreditei que o Bruno pudesse melhorar de um dia para outro. Houve momentos de melhoras, mas também as regressões, e foram muitas ao longo desses anos. Eu o via ali, tão magrinho, e eram tantas as doenças que os médicos encontravam nele e ainda diziam que eram genéticas, portanto, o Lucas corria o risco de tê-las também.

Era muito difícil aceitar aquilo. Eu pensava que sabia tudo sobre meus filhos, e de repente descobri que passei anos ao lado deles sem saber das doenças. Meu Deus, como eu chorava! Foi tudo tão rápido. O Bruno permaneceu internado por mais ou menos 25 dias e foi liberado sem diagnóstico fechado, pois não havia estudos sobre genética ali. Para os médicos, não havia dúvidas sobre a gravidade do estado do Bruno.

Eu consegui saber algumas coisas sobre uma das síndromes que se manifestaram no Bruno, a esclerose tuberosa. Sobre a Síndrome de Marfam e doença de Fahr sei muito pouco a respeito.

Voltamos para casa com o Bruno e tudo foi muito complicado, eu não tinha condições de segurá-lo o tempo todo, de mantê-lo contido. Não seria possível, pois dificultaria muito a sua respiração já bastante comprometida e com muitas alterações no tórax.

Minha sogra nos deu a ideia de fazermos um quadrado na sala para o Bruno. Às vezes levamos sustos com as nossas próprias ideias, mas depois de muito lutar, acabamos concordando. Não havia outra saída e, na sala, ele estaria o tempo todo conosco vendo o movimento da casa.

O Bruno foi internado outras duas vezes depois do dia 16 de fevereiro de 2001, data em que tudo começou. Foram descobertas outras doenças, além das genéticas, prolapso de válvula mitral, hidronefrose, candidíase oral, que permanecera durante meses, estomatite, inflamação de garganta, distonia global e um leve atrofiamento frontal.

O Bruno passava a maior parte do tempo naquele quadrado. Sabia que sentia muita dor e, muitas vezes, eu não conseguia localizá-la. Alimentava-se de hora em hora, voltou a usar fraldas e como seu intestino não funcionava bem – o que ele excretava eram fecalomas grandes o que o fazia sentir também muita dor – era necessário que a cada dez dias fosse feita uma lavagem intestinal nele.

É muito difícil falar sobre isso. O Bruno e o Lucas sempre tiveram tudo que precisaram, principalmente amor e dedicação de seus pais, e de repente apareceram tantas doenças.

Eu tenho muito medo pelo Lucas, pois já sofreu várias cirurgias e se essas doenças se manifestarem nele com a violência que se manifestaram no Bruno, acho que ele não vai suportar. Ele já tem hidrocefalia congênita e sofreu várias cirurgias de troca de válvulas. E, há quatro anos, era muito mais calmo.

Quando se é pequeno tudo parece simples, o Lucas já não frequenta mais uma escola, pois tivemos muitos problemas, principalmente com os pais de alunos ditos normais. Porém, o que me deixa angustiada é pensar na manifestação de doenças genéticas.

Eu me lembro que muitas vezes me deram oportunidade de passar meus filhos por exames genéticos, mas por cansaço ou por comodismo eu não aceitei.

Tudo tem a mão de Deus em nossa vida e nada acontece por acaso. Eu sei que na medida do possível ajudei muitas pessoas, mas tenho consciência de que se soubesse de tudo não teria lutado tanto, podem ter certeza disso.

Percebo que gradativamente o Bruno piora, com o passar dos meses, e o Lucas também. Tudo isso é muito difícil, principalmente, estar junto e não poder fazer nada para acabar com essas síndromes.

Faço alerta aos órgãos responsáveis para que analisem e tomem alguma providência com relação à síndrome do transtorno autista. Gostaria que prestassem atenção a todas as dificuldades pelas quais passam familiares e pacientes. Gostaria também de que, em filmes, mostrassem um pouco do outro lado do Autismo.

A rede de atenção deveria substituir o "modelo hospitalocêntrico" por uma rede de serviços, diversificada e qualificada, emergência psiquiátrica em prontos-socorros, centro de atenção psicossocial, serviços territoriais que funcionem 24 horas, pensões protegidas, lares, centros de convivência, cooperativas de trabalho e outros serviços que tenham como princípio, a integridade do cidadão.

Esta é uma proposta e um direito adquirido, mas ainda não tive oportunidade de conhecer. Infelizmente, neste livro, mostrei as inúmeras dificuldades pelas quais passamos e posso citar um exemplo bem recente: foi quando o Bruno ficou muito mal, eu tentei interná-lo em São Paulo e percorremos vários hospitais durante a madrugada. Resultado: retornamos a Caraguatatuba com o Bruno.

Os hospitais diziam que pelo fato de ser um autista, não poderiam colocá-lo com pacientes normais. Isto chocaria uma sociedade, além do mais, o fato de ser menor de idade o impedia de estar em um quarto normal. Agora eu pergunto: Como poderei cuidar deles sozinha ou só com o apoio dos meus amigos?

Agora, com todas essas síndromes e doenças que necessitam de uma série de profissionais, de várias especialidades, onde colocaríamos o Bruno até completar dezoito anos? Eu estaria sozinha com meus filhos?

Quero ressaltar que só consegui internar o Bruno por ajuda de pessoas que me são caras amigas, mas mesmo assim, com autorização de um juiz.

Há um ditado que diz: "É melhor acender uma vela pequena do que continuar caminhando na escuridão". Foram vários amigos que ajudaram a iluminar minha caminhada.

CAPÍTULO XVI

Relatos

Bruno, a força do teu sorriso fez de mim
um ser humano muito melhor.
Com você aprendi a viver um novo tempo.
Eu acho que passei rápido pelo "seu mundo"...
Queria ficar muito mais, mas espero ter colocado luz e amor
em seu coração, pois com certeza, você colocou no meu.
Amo-te muito.

Roseli Guirao, professora

B R U N O

Conviver contigo é um aprendizado...
Aprendizado que exige paciência e amor!
Sim, Bruno! Paciência... Paciência que muitos não têm.
Amor, Bruno! Com seu verdadeiro sentido.
Como tudo passa neste um mundo, espero que Deus dê
forças para todos os que te rodeiam com paciência e amor.
Para, quem sabe um dia, em outra dimensão, possamos nos
encontrar.

E então juntos, com amor, estaremos prontos
para uma nova etapa, uma nova jornada.
Ti gosto, meu pequeno.

Hilda, amiga

BRUNO

Estrela que caminha em direção ao sol.
Faz do dia uma poesia e
brinda a noite com sonhos de amor.
Sorriso largo e olhar faceiro.
Tu, criança de luz que ensinou a vida e
brincou com os seus mistérios.
Tu, menino cantante e coração radiante,
sabes o que é a dor de ser confiante.
Tens olhos pousados no amanhã à espera do que virá.
Trilha teu caminho de paz,
em busca de horizontes abertos.
A vida te sorri a cada onda do mar que
quebra na praia.
Sê Feliz!
VIVA FELIZ!

Fernanda Volpi
Jornalista

BRUNO e LUCAS

Sei que um dia, por circunstâncias da vida,
nós vamos nos separar.
Mas olhando estas montanhas e oceanos,
posso dizer com certeza que:
Não há montanha tão alta,
Nem oceano tão profundo que me separe de vocês.
Um dia nos reencontraremos em algum lugar no futuro.
Onde só Deus, nosso Pai Eterno, sabe do que estou falando:
Vamos nos lembrar de nossas batalhas e pelo fato de termos permanecido juntos até o fim, isto será para nós todos uma grande vitória!
Até lá

Sua Mãe
Vera Lúcia Gonzáles Meireles da Silva

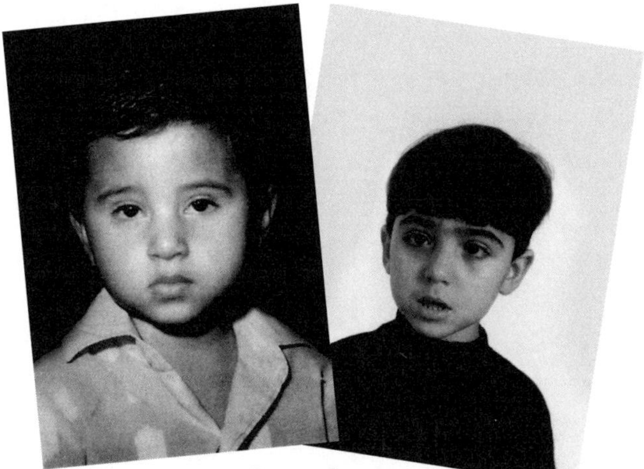

Bruno e Lucas

CAPÍTULO XVII

Ano 2002

Em 29 de agosto de 2002, Bruno completava 18 anos e Lucas em maio 15 anos. No início deste mesmo ano, finalmente consegui que meus dois filhos entrassem para uma pesquisa genética em uma Faculdade de São Paulo.

Até agora, já obtive alguns esclarecimentos, algumas respostas e também a confirmação de que Bruno tem Autismo Infantil e o Lucas, Hidrocefalia Congênita.

Nossa vida tem novamente uma rotina. O Lucas passa a maior parte do tempo assistindo televisão, sente muitas dores nos braços e pernas e toma mais ou menos 220 comprimidos por mês. O Bruno fica a maior parte do tempo em seu "quadrado", pois caminha com muita dificuldade e tenho muito cuidado para que ele não venha a desmaiar de repente e se chocar contra o chão.

Ganhamos uma cama hospitalar de um grande amigo de meu marido e ela tem nos ajudado muito, pois é alta e bem firme, o que possibilita que eu não force tanto minha coluna, já operada duas vezes das hérnias de disco.

Para completar nossa casa, adotamos, em maio, o Negrão, um cachorro.

Bruno está ingerindo em média 450 comprimidos por mês, todos eles prescritos por receituários médicos, para que possamos manter sob controle suas agressões. Mas graças a Deus, meus filhos continuam vivos e extremamente alegres, apesar de nossa luta ser incansável e infinda.

CAPÍTULO XVIII

Ano 2010

Estou aqui meio perdida a tentar dar continuidade a minha história de vida.

Tenho certeza de que todos que nos conheceram , sempre que podem, lembram-se de nós com carinho e querem saber de nossas vidas.

Muitos até acham que meus filhos já partiram para junto de Deus, ou será que eles continuam aqui entre nós, neste mundo maravilhoso em que Deus nosso Pai eterno nos permite viver?

Quero dizer que a minha vida sempre passou muito rapidamente e muitas vezes com tantas mudanças. Em 2003, por motivos particulares, eu e meu marido, o Wagner, pai dos meus dois filhos, nos separamos.

Ele voltou para Campinas, e eu e os meninos continuamos a morar em Caraguatatuba. A separação é algo muito complexo e envolve sentimentos, perdas, ausências, mas está passando, assim como tudo nesta vida passa.

O Lucas começou a frequentar a APAE – Associação de Pais e Amigos dos Excepcionais de Caraguatatuba. Com ele lá meio período, me dava um pouco mais de tempo para cuidar do Bruno. Nós o tiramos do quadrado da sala e o levamos para o quarto. Forramos o chão com colchão, se ele desmaiasse, cairia sem se machucar.

Com as manifestações da esclerose tuberosa[1], o Bruno sofria uma série de convulsões e ausências. Eu o levava para passear em sua cadeira de rodas e também passava sempre algumas horas com ele no quadrado, normalmente no final da tarde, quando o dia se preparava para terminar, ali nós dois ficávamos nos olhando e brincando de juntar nossos dedos, era mágico entre ele e eu.

O Bruno com aquele sorriso encantador de sempre, falo de seu sorriso, pois através dele e de seus olhos eu sempre conseguia entender muita coisa.

Com a pensão que recebíamos, vivíamos sempre com o dinheiro contado, pois não era todos os meses que conseguíamos os medicamentos necessários para os dois. E também era sempre nessa correria com eles pro hospital.

Nessa mesma época o estado do Lucas continuava a se agravar cada vez mais, e a equipe da APAE, na ocasião já bastante envolvida em nossa situação, se preocupava. O Lucas, apesar de ter passado em média por onze cirurgias, entre trocas de válvulas e cateteres, no momento encontrava-se com hidrocefalia normalizada. No início das manifestações da esclerose tuberosa, o Lucas pesava 76 quilos, distribuídos em 1,88 metro de altura.

[1] - Esclerose tuberosa (TS) é uma desordem genética, causada por anomalias nos genes localizados nos cromossomas 9 (gene TSC1) ou 16 (gene TSC2), que pode afetar vários órgãos: cérebro, rins, coração e olhos, entre outros.

As coisas, então, começavam a se inverter: o Bruno agora no quarto me dava uma trégua; quanto ao Lucas , crescia cada vez mais a sua agressividade com ele mesmo e com as outras pessoas a sua volta.

A esclerose tuberosa no Lucas veio totalmente diferente, talvez por ele já ter sido portador da hidrocefalia congênita, ela se manifestava com mais violência.

O Bruno sempre foi mais magro, por isso era mais fácil segurá-lo quando perdia os sentidos, ou mesmo no dia a dia nosso.

Ao final do meu dia, finalmente ia para o quarto, ver um pouco de TV: eu "apagava" quase que imediatamente. Eram muitas as vezes que eu pensava: meu Deus, e se um dia eu faltar, o que será de meus filhos queridos? Eram muitas as dificuldade em conseguir medicamentos, pagar ou achar uma pessoa com muita paciência para ajudar na rotina diária.

Às vezes eu tinha vontade de tirar um dia de folga, poder sair, sem ter que segurar a mão deles, porque, apesar das dificuldades, eu saía muito com eles, principalmente em lugares abertos como praças e parques. Eu necessitava de mais uma pessoa, na maioria das vezes uma amiga de sempre. Mesmo assim, era sempre muito difícil.

Os dias se passavam entre hospital e nossa casa, entre troca de fraldas e banhos, meus dias voavam.

Diariamente, a Cleuza, minha amiga e vizinha, vinha me ajudar com o banho dos meninos.

O Lucas continuava a emagrecer numa velocidade grande: em seis meses ele passou dos 76 quilos para 47. Nesta fase ele caía muito e sempre se machucava, passava a maior parte do tempo entre a cadeira de rodas e a cama. Agora ele utilizava a cama de hospital que o Bruno ganhara.

Com isso as escaras começaram a aparecer, claro que eu já tinha ouvido falar, mas nunca pensei que fosse tão difícil curá-las e em que velocidade elas aumentavam, ficando cada vez maiores e profundas.

Agora com dois filhos sem andar, as coisas pesaram muito para mim, era quase impossível dar conta.

O Lucas continuava a ir para a APAE. Nessa fase, como o estado dele era muito delicado, a perua passou a pegá-lo na porta de casa. Mas, mesmo assim, ele se contorcia todo e dava a impressão que sentia muita dor, além de uma grande dificuldade em se alimentar.

Nessa época (2007), conhecemos um senhor de 49 anos, o Edi (Edesio), que se ofereceu para nos levar a São Paulo, quando necessário.

Parecia-me uma boa pessoa, era pleno de vida e muito alegre, a cabeça cheia de sonhos, muitos projetos e pouco dinheiro.

Ele passou a também a nos ajudar com o banho dos meninos, brincava muito com eles, principalmente com o Lucas.

Aquilo me encantava, muitas vezes chorávamos juntos em ver a situação cada vez mais difícil.

Minha amiga Cleuza continuava sempre do meu lado. Muitas vezes ela me falava que não sabia até quando poderia ficar ao meu lado, dizia sempre que nós tínhamos de achar uma solução.

Nessa época, estávamos frequentando o Ambulatório da Deficiência Mental, das Casas André Luiz, em Guarulhos/SP, no setor de odontologia, onde sempre encontrei todo o apoio que precisava.

Como já disse anteriormente, foi o único lugar onde sempre encontrei apoio para mim e minha família.

Nesse Ambulatório, é feito um trabalho odontológico e outras terapias com os pacientes e também dão apoio a suas famílias.

Pra mim foi e sempre será um grande privilégio ter tido a oportunidade de ter conhecido essa entidade (Casas André Luiz).

Os pacientes chegam com muita dor de dentes e são socorridos prontamente.

Assim, com as idas e vindas para o setor de odontologia , mesmo que indiretamente, eles acabam acompanhando a vida dos pacientes, as minhas dificuldades com os meus filhos. Agora, dois homens de 1,88 metro de altura e eu, com a coluna operada duas vezes. Eu pensava até quando teria forças. O estado deles era cada vez mais grave, foi quando resolvi pedir ajuda às Casas André Luiz.

Na minha trajetória de luta, tive muitas oportunidades de conhecer diversos lugares que tentam manter esses pacientes, mas em nenhum eu me sentia tão seguira quanto ali. Era como se também fosse minha casa.

Tomei a decisão de falar com uma assistente social a respeito da minha vontade de passar os meninos por uma triagem no hospital de internação.

Ela me explicou que iria tentar encaminhar para uma avaliação. Falei de um dia poder deixar meus filhos onde me sentisse segura.

Eu tinha certeza que ali eles seriam realmente tratados com todo carinho e amor, respeito e dedicação.

A profissional me falou das dificuldades em conseguir internação, mas iria tentar uma vaga na triagem para os dois meninos.

Aguardei com a paciência que Deus me deu. Numa manhã o telefone toca, fomos agendados para a tão esperada triagem.

Deus! eu quase não acreditava, era só uma triagem, mas para mim era um grande começo; ao mesmo tempo me sentia como que traindo a confiança de meus filhos. Porém, eu não tinha mais força para ajudá-los, eles poderiam até falecer.

Conseguimos uma ambulância e fomos fazer a triagem, o Edésio (Edi), um amigo, foi comigo para ajudar com os meninos, afinal, eram dois cadeirantes.

Quando chegamos tudo ali me encantava, cada rosto que passava por nós, cada sorriso dos profissionais.

A triagem começou com uma equipe muito grande, o doutor em neurologia ia perguntando tudo que achava necessário e cada profissional anotava o que era bom para cada um.

Fizeram-me muitas perguntas desde o nascimento, mas como sempre fui uma mãe muito atenta a todos os detalhes e como passei 10 anos anotando muita coisa, eu sabia a maioria das respostas. Eu tinha também muitos dados em forma de exames, isso ajudou muito na época.

Após as quatro horas da triagem, perguntei a uma das assistentes sociais: mesmo que a resposta seja negativa, eles me ligam?

Ela sorriu e respondeu: — Nós ligaremos.

Passaram-se os meses, eu praticamente já estava achando que não ligariam, mas ligaram!

Muitas vezes a gente espera tanto por uma resposta e quando ela nos vem, ficamos meio que abobada, eu quase não conseguia sair do lugar.

A garota que me ajudara com os meninos, ouvindo parte da conversa, começou a chorar.

Perguntaram-me se poderia levá-los dali a dois dias. Na mesma hora eu respondi que precisava de uns 15 dias. No momento foi uma alegria misturada com tristeza. O estado dos meninos era ainda mais grave e eu já não sabia o que fazer, pois os recursos dos quais eu dispunha e as possibilidades de atendimento no momento eram muito precárias.

Chegou o dia de levá-los, para as Casas André Luiz. Fui orientada que deveria levar tudo que fosse deles, desde brinquedo, roupas e todos os medicamentos e exames, que foram muitos.

Fomos eu, minha amiga Cleuza e o Edi.

Ao longo de minha vida tive que tomar algumas decisões difíceis. Mas essa era realmente uma das mais difíceis de todas.

Porém, eu tinha bastante consciência do estado deles e que precisavam de cuidados especiais, de profissionais na área da saúde.

E ali (na Unidade de Longa Permanência) eu sabia que eles encontrariam tudo isso e muito mais.

Tinha a informação que o custo de cada paciente ali com aquele tipo de atendimento era bastante alto e isso é que proporciona a eles uma boa qualidade de vida.

Eu já não tinha mais forças para seguir adiante, afinal, a minha coluna já havia sido operada pela segunda vez com varias hérnias de disco. A redução de marcha ao caminhar era evidente. Da última tomografia à qual fui submetida constou artrose interfacetária efusa, degeneração discal, fenômeno de vácuo e todos os níveis e estados, profusão discal c4, c5, c2s e 51, causando uma redução do calibre do canal lombar e dos forames de conjugação. A tomografia foi feita pelo AME – Ambulatório Médico de Especialidades em Caraguatatuba.

Por isso, eu sabia que era uma decisão certa, pois também estava com a saúde muito debilitada.

Quando arrumava as coisas deles, muitas vezes não conseguia olhar em seus olhos, as conversas perto deles eram sempre muito discretas, apesar de o Lucas ser muito esperto; ele sempre sabia o que estava acontecendo.

Os dias passaram, as malas foram arrumadas, documentos, exames, brinquedos, tudo aquilo fora a vida de meus filhos, à qual eu me dediquei de corpo e alma.

Não pude viver a minha vida, só me arrependo de não ter contribuido com o INSS, esse foi o meu maior erro, pois agora não posso nem me aposentar, tentei mas foi negado.

Aos poucos as malas foram se amontoando em um quarto da casa. Lembro-me que uns dias antes da internação, um dos meus filhos, o Lucas, percebendo todo aquele movimento, me perguntou: — Mãe, você vai me internar?

Meu sangue gelou, eu respirei fundo, olhei bem dentro de seus olhos, abracei-o e disse: — Filho, vou levar você e o Bruno para uma nova casa, onde poderão melhorar sua saúde . Uma casa que vai ter de tudo, para um dia eu poder ver vocês muito melhores, tenho certeza disso.

Uma casa, não uma instituição, onde existe uma quantidade muito grande de pessoas competentes naquilo que fazem e muito boas com todos que ali residem. É o lugar mais completo que já vi em minha trajetória de vida e pesquisa. De todas as entidades as quais tive o privilegio de conhecer.

Em meus sonhos e lembranças, eu sabia que um dia chegaria a um lugar assim, com vocês dois juntos. Só não pensei que fosse deste jeito e nestas circunstâncias.

Chegou o dia de colocarmos as malas na ambulância de

UTI que consegui em Caraguatatuba, onde morávamos. Partimos com os meninos: um deitado e o outro sentado em sua cadeira de rodas.

Eu e meus amigos quase não falamos no caminho. Era como se eu tivesse terminado uma grande missão, mas que agora eu já não poderia mais levar adiante, por ser só um ser humano.

Setembro de 2007. Chegamos onde seria, daqui para a frente, a casa de meus filhos queridos, juntamente com muitos outros e suas histórias de vida.

Nas Casas André Luiz, a princípio, os dois ficariam na parte clínica médica, por alguns dias, para saber exatamente como estavam, sendo que o Lucas permaneceu um pouco mais que o Bruno, pois suas escaras eram bastante graves.

Não sei expressar em palavras o que senti na hora de sair de lá sem os meninos, eu chorei tanto que naquele dia, se houvesse uma quantidade definida de lágrimas, eu teria esgotado toda ela. Mas vieram as visitas e, nelas, a comprovação das melhoras dos meninos com o passar dos meses, anos — completados cinco anos no final de setembro de 2012 — mas vou dizer com toda certeza: em cada visita, em cada evento de encontro de pais e padrinhos, confirma-se a luta de todos ali para manterem o nível de atendimento para com cerca de 1400 pacientes, entre internos que ali residem e os atendidos no Ambulatório.

São comemorados todos os aniversários, Dia dos Pais e Mães, Natal, Ano-Novo e muitas outras datas.

Os pacientes são divididos pelas capacidades de cada um, sendo assistidos em quatro grandes unidades.

A cada visita eu percebi o quanto fui privilegiada por ter sido premiada por Deus em conseguir um lugar naquele pedacinho do céu (a ULP – Unidade de Longa Permanência). Um local que passei 23 anos da minha vida procurando e consegui achar.

Obrigada, Casas André Luiz, por ajudar meus filhos e a mim. Que Deus os proteja sempre!

Vera Lúcia Gonzales Meireles da Silva
Caraguatatuba/SP, agosto de 2010.

CAPÍTULO XIX

A partida de Lucas

Lucas,

no dia 21 de novembro de 2012, era vespera da minha ida para as Casas André Luiz, como fazia, e faço, todo mês.

Esperava com alegria a ida minha para Guarulhos junto com minha amiga Cleuza, a qual sempre me ajudou com as cadeiras de rodas, afinal, eram dois moços. Esperava ansiosa pelo sorriso dos meus filhos, a alegria do Lucas ao ver as revistas de carros de que ele tanto gostava.

Meu Deus, como fechar um ciclo de uma vida de tantas alegrias, lutas, idas e vindas e de repente você parte... Ainda é dificil para eu escrever sobre sua partida, eu que sempre me preparei para isso, pois sabemos que um dia todos nós iremos.

Dizem que o tempo cura, mas a saudade é muito grande quando me lembro de tantos bolos de aniversário, passeios, praias, brincadeiras, almoços, como é bom ter tantos momentos felizes para lembrar e também pescarias com seu pai que tanto te ama.

Lucas, você sempre foi e sempre será minha estrela guia.

Sua presença! Seu sorriso!

Sua força só iluminou essa minha caminhada, você partiu para junto do nosso Pai Eterno, mas você conseguiu deixar um brilho de sua luz.

Essa luz usarei como trilha para chegar até você, filho.

Sua Mãe.

Lucas Gonzales da Silva
(1987 - 2012)

Nota da Editora: O Lucas desencarnou em 21 de novembro de 2012, vitimado por uma parada respiratória, seguida de embolia pulmonar crônica.

CASAS ANDRÉ LUIZ

REFERÊNCIA NO ATENDIMENTO AO DEFICIENTE INTECTUAL

Vai longe o tempo em que as Casas André Luiz foram fundadas. Pessoas inspiradas projetaram levar ajuda a famílias extremamente pobres, crianças órfãs e abandonadas, no entanto a verdadeira vocação não era essa, mas, assistir com carinho e cuidado crianças deficientes mentais.

O início dessa história gira em torno da personalidade de João Castardelli, que viveu apenas 23 anos (1920-1943), dedicando-se ao "Evangelho no Lar", em reuniões que ocorriam em sua casa. Após mais ou menos um ano de seu falecimento, começou a se manifestar nas reuniões que a família continuou a fazer, transmitindo orientações espirituais aos necessitados sempre dizendo aos presentes que num futuro próximo, o grupo desempenharia uma grande missão no campo da assistência social.

Com o passar do tempo, o que era até então uma reunião familiar passou a ser uma reunião pública, atraindo número cada vez maior de pessoas. O pai de João Castardelli, o Sr. José Castardelli, construiu um grande salão sobre a sua residência localizada na rua Ezequiel Freire, 732 – em Santana, bairro de São Paulo, que acabou por tornar-se sede social do Centro Espírita Nosso Lar por 36 anos, tendo sido fundado em 28 de janeiro de 1949, até a aquisição de um terreno e construção da nova sede na rua Duarte de Azevedo, 691 – em Santana. Criou-se, por consequência do trabalho desenvolvido, o Departamento de Assistência Social em 5 de agosto de 1953, cujo objetivo inicial era o de atender às necessidades materiais de irmãos carentes.

Ao final de 1954, além dos trabalhos de ordem doutrinária e espiritual, angariava-se também alimentos, roupas, agasalhos e outros artigos de uso pessoal e doméstico, para as famílias pobres devidamente cadastradas para esse fim.

Em 1958 é inaugurada no bairro de Vila Galvão, em Guarulhos, a Casa da Criança André Luiz, com apenas 15 crianças carentes com deficiência intelectual. As mãos caridosas que tanto ajudaram não pararam de trabalhar e, em 1962 mais uma casa é inaugurada, no terreno de 70 mil m^2 no bairro do Picanço em Guarulhos. Teve início assim a Unidade de Longa Permanência, que hoje abriga quatro unidades, além de serviços de apoio como manutenção, lavanderia, serviço de nutrição e dietética, costura, creche e administração.

Nesse ínterim, entre a construção e a inauguração da Casa, o grupo passou a visitar escolas e abrigos existentes segundo conselho dos mentores espirituais. Sua última visita se deu na Casa de Triagem do SSM – Serviço Social de Menores no Tatuapé.

Lá observou-se que apesar da ajuda que os menores abandonados carentes necessitavam, havia um problema maior: os menores abandonados e portadores de deficiência intelectual não recebiam tratamento adequado às suas necessidades e acabavam por serem encaminhados ao Juqueri, hospital de tratamento de doentes intelectuais.

Em 27 de julho de 1957, segundo contatos anteriores com o Serviço Social de Menores no que dizia respeito aos portadores de Deficiência Intelectual, o Centro Espírita Nosso Lar recebeu 15 crianças, conforme convênio que seria firmado e previamente já discutido.

Contando inicialmente apenas com trabalho voluntário, logo percebeu-se a necessidade de mão-de-obra especializada, pois as 15 crianças constituíram somente o grupo dos primeiros hóspedes além de começarem a chegar também crianças com deficiência intelectual severa e profunda.

A esta altura a Instituição já estava com seus estatutos reformados, tendo definidos a estrutura e os seus objetivos, inclusive o nome Centro Espírita Nosso Lar Casas André Luiz. Contudo, o Governo do Estado celebrou convênio com a Instituição, e todos os meses enviava novas crianças. A Casa rapidamente atingiu sua capacidade máxima de 212 crianças, chegando a ter uma fila de espera de três mil internações.

Em razão da enorme procura tornava-se necessária a construção de uma Casa maior. Assim, em 1959 foi adquirido um terreno de 70 mil m^2 para a Casa nº 2, localizada em Guarulhos na rua Eduardo Riedel nº 723 – bairro do Picanço, cujo nome foi alterado para avenida André Luiz, em 1974. Lá foram construídas quatro unidades: em 1962, 1964, 1968 e 1974.

Ocupando 35 mil m^2 de área construída, são muitas as mãos que fazem isso tudo funcionar.

As Casas André Luiz dedicam-se ao atendimento exclusivo à pessoa com deficiência intelectual leve, moderada, grave e profunda, com ou sem deficiência física associada. Todos os pacientes internados exigem cuidados contínuos, por toda a vida. A Unidade de Longa Permanência tem capacidade para atender 610 pacientes; 80% deles são casos graves e mais de 50% são acamados e/ou cadeirantes.

A demanda do atendimento não parou de crescer: em 1991 foi inaugurado o Ambulatório de Deficiência Intelectual de Vila Galvão – Guarulhos/SP, que presta atendimento terapêutico a mais de 1000 pacientes. Esse trabalho é realizado em conjunto com as famílias que são estimuladas no envolvimento e participação nas atividades.

Hoje, a Instituição se orgulha de ter o Certificado de Sistemas de Qualidade, expedido pela Fundação Vanzoline que atesta que o Sistema de Qualidade das Casas André Luiz cumpre os requisitos da norma NBR ISO 9001:2008.

A pessoa com deficiência intelectual é um universo à parte, onde as limitações psicológicas e motoras se fazem notórias. No entanto, tem seus direitos básicos e fundamentais consagrados por convenções e normas internacionais. É compromisso da Instituição protegê-la por meio de ações terapêuticas, promovendo a sua inclusão social sensibilizando as pessoas a respeitarem seu direito de crescer em condições de liberdade e dignidade.

Em agosto de 2012 as Casas André Luiz iniciaram as obras para construção de um novo Ambulatório, que está previsto para ser concluído em 2014. Localizado no bairro de Santana (SP), serão 300 mil atendimentos por ano para mais de 3500 pacientes.

Você pode ajudar na construção com a "Campanha Eu Ajudo a Construir", sua contribuição é muito importante para nós. Faça parte dessa conquista.

Quem visita a Instituição é tocado profundamente em sua sensibilidade e se contagia com o entusiasmo que o trabalho oferece.

Casas André Luiz
Transformando Vidas!

Imagem panorâmica da Unidade de Longa Permanência, mantida pelas Casas André Luiz, em Guarulhos/SP

www.casasandreluiz.org.br

Contatos: (11) 2457-7733 / 0800-119012

COM OBRAS DA MUNDO MAIOR

Rumo à Eternidade
Norma Jorge Moreira
Espírito Fernando de O Campello

Nessa história de idealismo humanitário, o belo e bondoso jovem Pérsio, filho de um orgulhoso e rico senhor de terras, luta para vencer os desmandos do próprio pai no propósito de ajudar os menos favorecidos.
Rumo à Eternidade é um romance capaz de inspirar ideais de fraternidade e esperança.

Odisseia de uma Alma
Lourdes Carolina Gagete

O leitor é convidado a mergulhar no universo de experiências vivenciadas por Lua, uma curiosa menina que, apesar de ter permanecido poucos anos na Terra em sua última encarnação reclusa em convento, relata com sabedoria e profundidade importantes questionamentos da vida.
Uma história emocionante que aborda o mundo sórdido da pedofilia bem como a luta da personagem para vencer barreiras.

A Ordem do Caos
Regina Hennies

No universo infinito de Deus, todos os seres trazem em si a semente do amor e são assistidos e amados pelo Pai.
Nesse caminho evolutivo, Lúcifer, um personagem curioso e amedrontador por ser conhecido como satanás é convidado a analisar os homens e a vida na Terra.
Em A Ordem do Caos o público poderá conhecer uma nova história, sob um ponto de vista transformador.

Contato (11) 4964-4700